山西财经大学统一大市场系列丛书

全国统一大市场：市场基础制度规则统一

田祥宇　曲国华　编著

中国财经出版传媒集团
中国财政经济出版社

图书在版编目（CIP）数据

全国统一大市场：市场基础制度规则统一 / 田祥宇，曲国华编著. --北京：中国财政经济出版社，2023.6
（山西财经大学统一大市场系列丛书）
ISBN 978-7-5223-2094-6

Ⅰ.①全… Ⅱ.①田… ②曲… Ⅲ.①统一市场-研究-中国 Ⅳ.①F723

中国国家版本馆 CIP 数据核字（2023）第 048753 号

责任编辑：孙　琛　　　　责任校对：张　凡
封面设计：王　颖　　　　责任印制：党　辉

全国统一大市场：市场基础制度规则统一
QUANGUO TONGYI DASHICHANG：SHICHANG JICHU ZHIDU GUIZE TONGYI

中国财政经济出版社 出版
URL：http://www.cfeph.cn
E-mail：cfeph@cfeph.cn

社址：北京市海淀区阜成路甲 28 号　邮政编码：100142
营销中心电话：010-88191522
天猫网店：中国财政经济出版社旗舰店
网址：https://zgczjjcbs.tmall.com
北京财经印刷厂印刷　各地新华书店经销
成品尺寸：170mm×240mm　16 开　12.75 印张　176 000 字
2023 年 7 月第 1 版　2023 年 7 月北京第 1 次印刷
定价：58.00 元
ISBN 978-7-5223-2094-6
（图书出现印装问题，本社负责调换，电话：010-88190548）
本社质量投诉电话：010-88190744
打击盗版举报热线：010-88191661　QQ：2242791300

前　言

建设全国统一大市场是构建新发展格局的基础支撑和内在要求。2022年4月，《中共中央 国务院关于加快建设全国统一大市场的意见》（以下简称《意见》）发布，指明加快建设全国统一大市场的工作原则及主要目标，从六个方面明确了加快建设全国统一大市场的重点任务。《意见》特别强调，立破并举，完善制度，把强化市场基础制度规则统一作为首要任务。国家发改委相关负责人表示基础制度规则的统一是全国统一大市场的前提和保障，关于如何推进相关工作，《意见》从制度建设着眼，从产权保护、市场准入、公平竞争、社会信用等四个方面提出了统一要求。统一市场基础制度规则需要从理论出发，以政策和规定为基础，结合我国实际情况进行深入探讨。何谓制度一律？我国关于制度的探索有哪些？国际高标准的制度规则是什么？经济发展中制度有哪些壁垒？以及在产权保护、市场准入、公平竞争、社会信用这些理论问题上，亟待对其进行更深层次的剖析，由此得到更多的科学结论，从而更好地为市场基础制度规则统一提供支撑。以"思"为先导，以"知"为"行"，以"行"为纲。《全国统一大市场：市场基础制度规则统一》正是在这样一种情景下，使我们更好地理解我国市场体制改革中存在的重大问题，从而为市场制度的统一提供新的思路和方法。

本书以统一的市场制度规则为起点，追溯了制度一律的背景，从"摸着石头过河"到"睁眼看世界"，我国社会主义市场经济体制建设跳跃式前进。自1978年党的十一届三中全会召开，我国踏上了社会主义市场经济的探索之路，伴随着农村改革的不断深化，我国农业与农村经济的发展速度超过了人们的预期。1984 年以后，乡镇企业开始迅猛发展，四年间经济增长过快，规模盲目扩大，由此制定了治理经济环境、整顿经济秩序的政策措施，在实施改革开放的进程中，逐步确立了一种以市场化为导向的经济体制改革思路。党的十四届三中全会审议通过《关于建立社会主义市场经济体制若干问题的决定》，明确了建立社会主义市场经济体制的改革目标，指明了我国经济发展的方向。党的十五大进一步发展和完善了社会主义市场经济的理论，提出要充分发挥市场机制的作用。1992—2001 年是中国社会主义市场经济体制初步建立、中国市场化改革全面推进的时期，也是建设统一市场的探索时期。2003 年中国经济体制改革进入一个新的历史阶段——社会主义市场经济体制的完善期。我国市场经济的特殊性使我们在 2008 年的经济危机中经受住了挑战，成功度过了经济危机。党的十八届三中全会强调“使市场在资源配置中起决定性作用，加快建设统一开放、竞争有序的市场体系，建立公平开放透明的市场规则，实行统一的市场准入制度，实行统一的市场监管”。我国的经济体制逐渐与世界接轨。

20 世纪 90 年代城市群开始出现，进入 21 世纪，我国城市群进入快速发展阶段，国家层面相继也出台了一系列精细化的发展规划，党的十九届五中全会提出要“构建高水平社会主义市场经济体制”。我国在市场体系建设方面已经取得一定的成就，实现了从高度集中的计划经济体制向社会主义市场经济体制的全方位、系统性、根本性的伟大转变，市场发展水平大幅提升，市场体系建设持续完善，形成了更大范围、更宽领域、更深层次的高水平对外开放。市场基础的统一规则是产品顺畅流通的基础。目前，我国市场体系尚不完善，与发达国家相比还存在较大差距。加强市场基础制度规则的统一包括统一产权保护制度、市场准入原则、市场公平竞争制度以及社会信用体系，旨在逐步破除区域间贸易壁垒，促进经济循环发展。

本书首先提出加快建设全国统一大市场的过程中的关键是市场基础制度规则统一，接着说明其制度根基，最后重点完善四个方面的统一制度和规则等，并对上述内容进行了深入的论述。第一章阐明了市场基础制度规则统一的必要性，包括制度起源、我国的市场基础制度规则的探索以及国际高标准制度规则。第二章阐明区域经济一体化发展的制度规则、国内高标准市场体系和“一带一路”先进适用规则为全国统一大市场夯实了制度根基。第三章到第六章分别从产权保护、市场准入、公平竞争、社会信用四个方面指出进一步完善市场经济的基础制度和规则，在制度统一的基础上，进一步形成制度共识，夯实市场经济的基础，推动市场经济高质量发展。本书结构体系特色明显，如按照历史顺序总结提炼我国从计划经济向市场经济的探索到市场经济应运而生，从市场对资源配置起“辅助性作用”，到“基础性作用”，再到“决定性作用”，理论的不断进步塑造了社会主义市场经济的运行轨迹。同时以求同存异的视角通过学习借鉴各国的先进经验和国际高标准制度规则，再从中国特色出发，建立起混合的基于开放包容共享的先进制度规则。纵向时间维度与空间维度有机融合；框架体系与逻辑思路科学匹配。紧密围绕统一大市场基础制度规则统一这一主题，将与其有关的历史渊源、理论基础、制度体系等诸多内容进行深入分析。此外，本书语言风格独特，各章节标题均以总结该章或节核心内容的成语开头，画龙点睛、生动有趣，让读者耳目一新，具有较强的可读性。

2022 年 4 月《意见》的正式发布从战略高度明确了全国统一大市场建设的总体要求、主要目标和重点任务，为深化社会主义市场经济体制改革指明了方向，成为构建新发展格局的重要支撑。全国统一市场包括各区域市场的制度和规则实现统一。其中，制度规则的统一是全国统一市场的关键。市场制度规则应遵循立破并举的改革方向，破除妨碍全国统一大市场建设的各种政策和规则，打破小循环以实现全国大循环。简言之，即以政府治理体系现代化推动系统性政府职能改革，建设全国统一大市场运行所需的基础性制度和规则。该书视角新颖、独辟蹊径，内容丰富、资料详实，逻辑严密、结构合理，是关于统一大市场基础制度规则统一方面的一部力作，对于丰富市场基础制度规则统一领域的理论研究，提高关于统一大市场基础制度规则认识水平具有重要作用。

目　录

第一章　制度一律：建设全国统一大市场的关键

党的十九大报告明确提出："中国特色社会主义进入新时代，我国社会主要矛盾已经转化为人民日益增长的美好生活需要和不平衡不充分的发展之间的矛盾。"面对百年未有之大变局，我们必须完成由做大到做强、高速发展转为高质量发展的蜕变，立足国内市场，加快构建全国统一大市场。而构建全国统一大市场，关键是打破不利于大市场统一的区域壁垒和地方保护主义，强化市场基础制度规则的统一，做到"制度一律"。

第一节　何为制度一律？

一、源起

（一）国际背景

2008 年全球性金融危机爆发以来，贸易保护主义在全球范围内重新抬头。与第二次世界大战之后其他资本主义世界性危机不同的是，这次危机引发的贸易保护主义并没有很快消退，而是不断发酵且至今仍有余波。2016 年 6 月英国全民公投决定"脱欧"，2020 年 1 月 30 日欧盟正式批准英国脱欧。2018 年 3 月 2 日，美国宣布对进口的所有钢铁和铝产品分别开征 25% 和 10% 的全球性关税，引发了近乎全球的关注和抗议反对，打响了中美贸易战的第一枪；之后，特朗普更是频繁发起针对他国的贸易制裁，对全球贸易和经济合作秩序产生了极大的负面影响。2019 年年底新冠肺炎疫情暴发，对包括我国在内的全球经济体系产生巨大影响，严重冲击和破坏了全球产业链供应链。2022 年 2 月 24 日，由于北约东扩问题，俄罗斯宣布对乌克兰采取特别军事行动，由此爆发了俄乌冲突。美欧对俄罗斯的制裁，更是给世界金融市场、能源、粮食、汽车等供应链造成巨大冲击，世界经济反复震荡。

在这样动荡的世界经济背景下，我国要保障人民的物质文化需求，继续推动高质量发展，就必须改变以往资源市场两头在外的发展模式，把经济发展重心转移到国内，坚持扩大内需的战略基点，加快构建以国内大循环为主体、国内国际双循环相互促进的新发展格局。构建新发展格局要求我国必须加快建立全国统一大市场，其中的关键就是要破除地方保护主义和区域壁垒，完善我国市场制度体系，做到“立破并举”。而“立破并举”最重要的一点就是实现“制度一律”。

（二）国内背景

自从加入世贸组织以来，我国深度参与全球分工，以廉价劳动力迅速获得竞争优势，凭借要素价格低廉和出口导向战略创造了世界经济发展史上的奇迹。然而，对发展中国家而言，深度参与全球分工是一把“双刃剑”。在我国经济高速发展取得瞩目成就的同时，一系列问题也伴随而来，比如环境污染严重、企业产权意识薄弱、核心技术存在“卡脖子”等。近年来，随着外部环境和我国发展的资源禀赋的变化，市场和资源两头在外的发展模式效能逐渐减弱，劣势逐渐暴露。

当前，我国经济发展处于增长速度换挡期、结构调整阵痛期、前期刺激政策消化期的“三期叠加”阶段，面临需求收缩、供给冲击、预期转弱的“三重压力”①。

新冠肺炎疫情更是暴露出我国传统经济发展格局中的部分弱点。从供给角度看，虽然我国具备全球最完整的工业体系，但是部分产业过于依赖

---

① 余淼杰，季煜．构建全国统一大市场的价值意蕴及路径探析［J］．新疆师范大学学报，2022.

国际大循环，在全球疫情蔓延、国内国际市场联通不畅的特殊情况下表现得特别突出。例如，与抗击疫情相关的高端产品（呼吸机等）产业链供应链的短板问题暴露无遗。从需求角度看，疫情的发生，对国内需求形成严重冲击。疫情限制了企业的正常运转，影响了居民的正常工作，导致旅游餐饮等相关行业大面积裁员，国民人均收入增长放缓，消费能力下降。由此，更加凸显扩大内需、盘活国内大市场、提高国民消费能力的必要性。

为破解当前发展遇到的难题，促进我国经济稳定增长，我国应当及时转变发展思路，调整发展战略，积极构建以国内大循环为主体、国内国际双循环相互促进的新发展格局。以国内大循环为主体的新发展格局要求建立"制度一律"的全国统一大市场。

二、内涵

（一）"统一"的市场制度规则

全国统一大市场是在全国范围内，按照统一的市场规则、高标准联通的市场设施，实现市场主体平等准入，要素与资源、商品与服务自由流通的市场[①]。全国统一大市场要具有巨大体量、合理结构以及完善的基础设施和管理制度，能有效发挥市场流通和经济调节功能[②]。全国统一大市场包括高效规范、公平竞争、充分开放这三个关键词。高效规范的大市场，要求政策具有统一性、规则具有一致性、执行具有协同性，这种市场以社会福利最大化为目标有效配置资源。公平竞争的大市场，具有非垄断和公平交易的竞争场所和竞争机制。充分开放的大市场，不存在各种人为的、制度化的封锁和封闭现象，不仅国内各区域、产业之间不存在制度性的进入和退出壁垒，而且也向其他国家实行对等的相互开放的政策，资源要素商品可以实现顺畅的低成本流动。建设全国统一大市场，是按照中央关于社会主义市场经济体制建设目标的要求，以价格机制为基础统一协调和决

---

① 何立胜．建设全国统一大市场需要把握好几个关系［N］．光明日报，2022.

② 刘勇，欧阳慧，黄寰．加快建设全国统一大市场［J］．区域经济评论，2022.

定资源配置的大市场①。

强化市场制度规则统一是建设全国统一大市场的首要任务。现代市场经济的有序运转需要有良好的市场基础制度规则作为支撑。建设全国统一大市场，关键是要实现“制度一律”，强化市场基础制度规则的统一。统一的市场规则就是要打破地方保护和市场分割，打通制约经济循环的关键堵点，促进商品要素资源在更大范围内畅通流动，不断提高政策的统一性、规则的一致性、执行的协同性②。

（二）“制度一律”的四方面重要内容

做到规则、制度的统一需要着力解决突出的矛盾和问题，加快清理废除妨碍统一市场和公平竞争的各种规定和做法。“制度一律”主要包括如下四个方面内容。

1. 产权保护制度

产权是经济所有制关系的法律表现形式，是指合法财产的所有权，这种所有权表现为对财产的占有、使用、收益、处分。在市场经济条件下，产权的属性主要表现在三个方面：经济实体性、可分离性以及独立性。产权的功能包括：激励功能、约束功能、资源配置功能和协调功能。以法权形式体现所有制关系的产权制度，是用来巩固和规范商品经济中财产关系，约束人的经济行为，维护商品经济秩序，保证商品经济顺利运行的法权工具。产权保护制度是指将产权规则和既定产权关系进行组合、调节和保护的制度。

统一的产权保护制度的基本特征是平等保护、全面保护、依法保护各类所有制经济产权。建立统一的产权保护制度需要健全统一规范的涉产权纠纷案件执法司法体系，强化执法司法部门协同，进一步明确和统一行政执法、司法裁判标准，健全行政执法与刑事司法双向衔接机制，依法保护企业产权及企业家人身财产安全，推动知识产权诉讼制度创新，完善知识

---

① 刘志彪．全国统一大市场：怎么看 怎么建［M］．北京：中国财政经济出版社，2022.

② 魏玉坤．加快建设全国统一大市场，促进经济循环畅通，新华社，2022.

产权法院跨区域管辖制度，畅通知识产权诉讼与仲裁、调解的对接机制等。

2. 市场准入制度

市场准入负面清单制度，是指国务院以清单方式明确列出在中华人民共和国境内禁止和限制投资经营的行业、领域、业务等，各级政府依法采取相应管理措施的一系列制度安排。主要包括三种准入方式：第一种是对禁止准入事项，市场主体不得进入。第二种是对限制准入事项，或由市场主体提出申请，行政机关依法依规作出是否予以准入的决定，或由市场主体依照政府规定的准入条件和准入方式合规进入。第三种是对市场准入负面清单以外的行业、领域、业务等，各类市场主体皆可依法平等进入，政府不再审批。

统一的市场准入制度的特点是维护市场准入负面清单制度的统一性、严肃性、权威性，严格落实"全国一张清单"管理模式，严禁各地区各部门自行发布具有市场准入性质的负面清单。建设统一的市场准入制度可以从以下角度入手：研究完善市场准入效能评估指标，稳步开展市场准入效能评估；依法开展市场主体登记注册工作，建立全国统一的登记注册数据标准，逐步实现经营范围登记的统一表述；制定全国通用性资格清单，统一规范评价程序及管理办法，提升全国互通互认互用效力（出自《中共中央 国务院关于加快建设全国统一大市场的意见》）。

3. 公平竞争制度

公平竞争是指竞争者之间所进行的公开、平等、公正的竞争。公平竞争对市场经济的发展具有重要作用，它可以调动经营者的积极性，使他们不断完善管理，向市场提供质优价廉的新产品，也可以使社会资源得到合理配置，并最终为消费者和全社会带来福利。

统一的公平竞争制度是坚持对各类市场主体一视同仁、平等对待。这不仅要求健全公平竞争制度框架和政策实施机制，建立公平竞争政策与产业政策协调保障机制；还需要健全反垄断法律规则体系，加快推动修改反垄断法、反不正当竞争法，完善公平竞争审查制度，健全审查机制，统一审查标准，规范审查程序，提高审查效能。

4. 社会信用制度

社会信用体系是社会主义市场经济体制和社会治理体制的重要组成部分，它以法律、法规、标准和契约为依据，以健全覆盖社会成员的信用记录和信用基础设施网络为基础，以信用信息合规应用和信用服务体系为支撑，以树立诚信文化理念、弘扬诚信传统美德为内在要求，以守信激励和失信约束为奖惩机制，目的是提高全社会的诚信意识和信用水平。

统一的社会信用制度要求编制出台全国公共信用信息基础目录，完善信用信息标准；建立公共信用信息同金融信息共享整合机制，形成覆盖全部信用主体、所有信用信息类别、全国所有区域的信用信息网络；建立健全以信用为基础的新型监管机制，全面推广信用承诺制度，建立企业信用状况综合评价体系，以信用风险为导向优化配置监管资源，依法依规编制出台全国失信惩戒措施基础清单；健全守信激励和失信惩戒机制，将失信惩戒和惩治腐败相结合；完善信用修复机制以及加快推进社会信用立法。

三、意义

（一）制度一律的意义：合力培育竞争新优势

统一的市场制度可以提供健全的价格信号，而价格信号可以使各种资源的功能和来源得到准确显示，以保证各种资源能够发挥最大的功效。这使社会主体最大可能地获取来自分工和专业化的收益，发挥比较优势，并通过商品交换和商品流通满足不同的需求，使社会福利水平达到最优。统一的市场制度可以通过产权体系、市场准入体系、竞争体系及信用体系等形成一个有利于分工与专业化的动力机制，从而最大限度地推动国内外经济大循环。制度一律的意义主要体现在以下三个方面。

1. 制度一律是打破地方保护和市场分割的要求

由于地方政府的保护，外部有竞争力的产品和劳务被驱逐出本地市场，从而导致本地厂商获得了一种垄断地位。就本地生产者而言，可以凭借这种垄断地位控制有限的市场获取高价利润；就地方政府而言，对地方支柱产业实施保护可以增加地方政府的税收，从而大大提升政府的政绩；对消费者而言，由于可供选择的市场空间狭小，所消费的产品和服务质量下降，价格提高，消费者满足程度大大降低，导致消费者成为地方保护的最大受害者，地方政府和厂商的收益大都来自对消费者不公正的二次分配。从短期来看，地方保护似乎能增大该地区的社会福利，但就长期而言却隐藏着严重的危害，并直接影响到一个开放、竞争的社会主义市场经济体制的建立①。

地方市场的分割形成了一个个封闭的经济单元，全国范围内厂商同方向投资，本地的生产产量超出了本地的市场需求，地方产业同质化严重，导致国内市场整体供大于求。此外，地方投资多为小规模、低水平的重复建设，资源有限且极其分散，大大抑制了优势区域的发展。地方保护造成的市场分割阻碍了全国统一市场的形成，损害了竞争的公平性，破坏了优胜劣汰机制，无法起到促进企业生产技术和经营管理不断进步的积极作用。一方面，对地区劣势企业进行保护不利于优势企业的壮大，降低了资源配置效率；另一方面，地区封锁严重妨碍了专业化分工的发展和全国产业结构的调整，使地区比较优势难以发挥，既不利于产业结构的优化，也不利于区域经济结构的优化②。

打破计划经济体制下市场的行政性分割状况进而建立起统一的市场基础制度，这不仅是区域经济协调发展的必然要求，也是促进整个国家社会经济持续稳定发展的必然要求。

2. 制度一律是打通制约经济循环关键堵点的要求

"党的十九大以来，党中央根据我国发展阶段、环境、条件的变化，特别是基于全球化遭遇逆流的现状，提出构建以国内大循环为主体、国内国际双循环相互促进的新发展格局。国内大循环是依托国内大市场，畅通生产、分配、流通、消费各个环节，形成国民经济良性、高效循环的现代

---

① 吴文洁．地方保护主义的危害、成因及对策［J］．西安石油学院学报（社会科学版），2003（04）：3－6.

② 徐丽．我国区域经济协同发展的策略思考［D］．新疆师范大学，2006.

化经济体系①。”

制约经济循环的关键堵点：一是居民消费持续低迷，借贷消费明显下降，预防性储蓄增加；二是世界经济进入通胀期，海外需求大幅减少，外贸出口压力增大；三是受国内外需求不足的影响，制造业发展呈现放缓迹象；四是疫情的不断反复，导致服务业难以恢复常态，就业形势不佳。

在生产方面，堵点虽存在，但中国国内市场前景广阔，发展潜力巨大。制度一律有助于塑造产业联系紧密的现代化产业组织结构，极大降低了市场交易成本，发挥规模经济作用，形成超大规模市场优势。在流通方面，现代流通体系是从生产到消费各环节有效衔接的纽带与通道，也是资源配置的有效载体。而统一的市场制度有利于把物流、商流、价值流、信息流以及信用体系、金融支持体系结合起来构成大流通，推动物流业和制造业深度融合。在消费方面，我国已处于工业化和城镇化的后期，社会总需求与总供给已经形成弹性需求关系。加快建立全国统一的市场制度规则有利于发挥我国的体制优势，优化收入分配结构，完善社会保障体系，提高居民收入水平，切实扩大居民消费。

3. 制度一律是促进商品要素资源流通的要求

我国拥有超大规模的市场，这是支撑我国经济高质量发展的巨大优势之一，也是我国在国际上不惧怕任何国家不合理的经济制裁的最大底气。但我国市场中还存在一定程度上的要素资源流动不畅通，一些地方政府为了“扶持”本地企业，以“红头文件”的形式摊派销售本地生产的商品，这不仅对外地产品不公平，还给市场的流通制造了障碍，干扰了全国经济秩序。正如国际贸易上一直在强调反对单边主义和保护主义一样，在国内，我们也需要反对和纠正区域间的单边主义、保护主义。

充分发挥超大规模市场优势必须建立在全国统一大市场基础之上，否则市场只“大”无“强”，无法利用大规模市场来集聚和配置全球资源、培育本土世界一流企业、支持自主创新科技加速迭代更新。因此，国内市

---

① 畅通国民经济循环，构建新发展格局［N］. 21 世纪经济报道，2022-10-14（001）.

场要全面破除市场分割，加快建立全国统一的市场制度规则，让资源、要素畅通流动，规范不当的市场竞争和市场干预行为。各类市场主体通过公平竞争实现优胜劣汰，形成劣势企业退出机制，促使要素资源向先进生产力集聚，以全国统一的超大规模市场来“集聚资源、推动增长、激励创新、优化分工、促进竞争”①。

（二）四类制度一律的意义

1. 创新的培养基：产权保护制度

随着经济的高速发展，关于产权保护的需求日益增加。我国虽然给予了一定重视，但在产权保护尤其是知识产权方面仍存在一些不足。比如，国内大量的知名商标在国外被抢注、原产地标记没有得到很好的保护等。这些侵权行为很大程度上遏制了创新。创新是知识产权的源泉，如果知识产权没有得到有效保护，侵权行为也没有得到应有的惩戒，这种不良的生态会严重打击创新者的创造热情，不利于市场的发展。

完善统一的产权保护制度，有助于激发劳动者的创新能力，提升自主创新的效能与水平，提高经济发展的质量和效益，形成结构优化、附加值高、吸纳就业能力强的现代产业体系；有助于增强中小企业的投资信心，激发劳动者投资实业与创新的热情，增强企业科技创新，吸引海外投资者和国外高级人才回国，把专利、科技发明等带回家；有助于使资金转向创新，脱虚向实逐渐流向实体企业，“房住不炒”楼市回归消费居住属性；助力自然资源资产产权、农村集体用地运营权等的保护。

2. 市场的守门人：市场准入制度

全面实施市场准入负面清单制度是党中央为不断完善社会主义市场经济体制作出的重大决策部署，是建立公开透明的市场规则，营造各类企业平等竞争市场环境的重要任务。党的十九大报告提出，“全面实施市场准入负面清单制度，清理废除妨碍统一市场和公平竞争的各种规定和做法，

---

① 陈伟伟．加快建设全国统一大市场 促进要素资源畅通流动［N］．经济参考报，2021－12－31（001）．

支持民营企业发展，激发各类市场主体活力”及“实行高水平的贸易和投资自由化便利化政策，大幅度放宽市场准入，扩大服务业对外开放，保护外商投资合法权益”。十三届全国人大一次会议政府工作报告指出：“近五年来，中国外商投资由审批制转向负面清单管理，限制性措施削减三分之二。”该举措还能极大地降低市场主体在内贸中的非市场交易成本，为市场主体构建更加合理、全面和完善的公平竞争秩序，进一步有效释放内循环的内生活力。

3. 竞赛的总裁判：公平竞争制度

垄断作为一种经济现象，是竞争发展的必然结果，但它的出现又抑制了竞争。垄断企业利用其规模优势对新进入企业设置进入壁垒，将潜在竞争者挤出市场，加剧市场畸形，破坏公平竞争。行业内参与的企业少了，产品差异化逐渐缩小并趋向同质化，不能满足消费者的个性化需求，这便是垄断企业在某种程度上对消费者利益的损害。与此同时，企业凭借垄断就能赚取巨大利润，从而导致没有人愿意在技术革新方面投入。更有甚者，垄断企业可能控制国家政治经济命脉，对政策法律的制定与推行造成重重阻碍。因此，必须坚决维护统一的公平竞争制度。

公平竞争是市场经济的基本原则，是市场机制高效运行的重要基础。维护公平竞争秩序，保障各类市场主体平等使用生产要素、公平参与市场竞争、同等受到法律保护，有利于激发市场活力、提高资源配置效率、促进创新驱动发展和经济持续健康发展。同时健全的公平竞争制度对全面深化改革，进一步厘清政府与市场边界，促进经济持续健康发展具有重大而深远的意义，有助于推进供给侧结构性改革和“放管服”改革。

4. 新型的互联网：社会信用制度

习近平总书记在《之江新语》中指出：“‘人而无信，不知其可’；企业无信，则难求发展；社会无信，则人人自危；政府无信，则权威不立。”党的十八大以来，习近平总书记更是多次要求加强社会信用体系建设。近年来，我国社会信用体系建设不断发展与完善——统一社会信用代码制度、信用红黑名单制度、信用贷款支撑中小微企业融资服务等。“守信获益，失信受罚；一处失信、处处受限”的守信联合激励和失信联合惩戒机制逐步健全。

信用是市场经济健康、规范、有序的“基石”，建立健全信用制度是有效规范市场秩序、降低交易成本、增进社会合作、提高配置效率、防范经济风险的重要举措。社会信用体系在市场经济体制中具有无可替代的规范市场主体行为的导向与约束功能。健全统一的社会信用制度，既方便了信用信息使用者查找所需对象的信息，又打消了一部分人利用信息不对称获利的侥幸心理。

社会信用体系的完善，使信用资源得到更加科学、全面的统筹管理和价值评估，进而以解决各类信用信息不对称问题，逐步消除“信息孤岛”，为提升国民经济体系整体效能、促进形成新发展格局提供有力支撑和重要保障。健全社会信用体系，加快构建以信用为核心的新型市场监管体制，有利于进一步推动简政放权和政府职能转变，营造公平诚信的市场环境。

第二节 摸着石头过河：我国制度探索

全国统一大市场的形成高度依赖国家发展战略和经济体制选择①。改革开放40多年来，紧紧围绕解放和发展生产力，解放和增强社会活力，党提出了建立社会主义市场经济体制的改革目标，从“建立”到“完善”，再到“加快完善”，理论和实践不断突破。全国统一大市场的提出是基于我国40多年“摸着石头过河”的实践经验，通过回顾我国在改革历程中的制度探索，可以更加深入了解统一大市场的提出及演变过程。

一、筚路蓝缕：经济体制的不断探索

1978年年底，党的十一届三中全会召开。此次会议作出把党和国家工作中心转移到经济建设上来、实行改革开放的重大决策，中华巨轮驶入新

---

① 高帆．加快全国统一大市场建设的逻辑探源［J］．国家治理周刊，2022.

航道。自此，我国踏上了市场经济的探索之路。

（一）冲破束缚：计划经济向市场经济的探索

从1978年开始，在原来统购统销的大环境下政府对粮食价格体制进行了一定程度的改革，粮食市场出现松动，市场机制开始在小范围内发挥作用。国家调整了长期固定的粮食价格，统购价格提高了20%，超购部分在此基础上再加价50%。粮价的提升极大程度上激发了农民生产的积极性，粮食产量随之大幅提升，长期以来粮食供应不足的状况得到了缓解，代表自由市场机制的农产品集贸市场开始出现①。

包产到组就是对旧体制的第一波冲击，少数贫困县开始搞包产到户。山西是一个起步较晚但发展迅速的省份。1981年年初，山西省1万多名各级领导干部到农村做民意调查，收集了3000多份调查报告②，最终得出一致结论：包产到户和包干到户增产效果显著。农民积极性自此一触即发，到1981年年底，包干到户人数已经占到全省人口的69%。而全国各地包产到户的生产队已占50%左右③。1982年1月中央一号文件承认包产到户是社会主义集体经济的生产责任制。

随着农村改革的深入，1978—1984年的农业和农村经济呈现超出预期的增长。据统计，1979—1984年农业总产值平均每年递增8.98%，其中种植业每年平均递增6.61%④。然而短短几年，到1984这个丰收年，竟然出现了农民卖不出粮食的现象，国家收购的粮食已经大量积压，一度形成“收不起、存不下、调不走、销不掉”的困局。统购统销已经不能保证现有经济的正常运行。

为解决困境，1985年我国出台了《关于进一步活跃农村经济的十项政策》，规定“粮食、棉花取消统购统销，改为合同订购，定购以外的粮食可以自由上市”。农产品实行政府定价和市场定价并存的“价格双轨制”，

---

① 陶昌盛. 中国粮食定价机制研究［D］. 复旦大学，2004.

② 王庭栋. “回忆农村改革的初期”，载杜润生主编《中国农村改革决策纪事》，第385页.

③ 中国农村发展问题研究组. 中国农村经济的系统考察［M］. 北京：中国社会科学出版社，1984.

④ 周其仁. 发展的主题［M］. 成都：四川人民出版社，1987.

逐步减少合同订购数量，扩大市场购买力。粮食合同订购价格是按“倒三七”比例计价的，也就相当于以原来定购价的135%来收购合同订购粮食量。但由于此次加价小于超购加价（统购统销政策下，超购价是订购价的150%），对农民刺激作用降低，加上国家“退耕还林”政策的影响，1985年我国粮食产量大幅下降。

为缓解农民的抵触心理，刺激生产积极性，1986年国务院发布《国务院关于完善粮食合同定购制度的通知》：国家对农民生产的超出合同定购数量外的粮食，实行市场议价收购，让农民通过卖议价粮提高收入。1987年，国家开始对合同定购的粮食按定购价款的20%发放预购定金，在农民交粮时扣还，利息由国家承担。优惠政策的实施进一步加重了国家的财政负担。

陶昌盛根据年份物价指数（CPI）去除通货膨胀，折算了大米、小麦、玉米的实际定购价和市场价（见图1－1、图1－2、图1－3），结果表明三种农产品实际定购价在1987—1992年基本没有波动，且均小幅度低于1985—1986年定购价。合同定购价和议购价在此时期均远远小于市场价格。

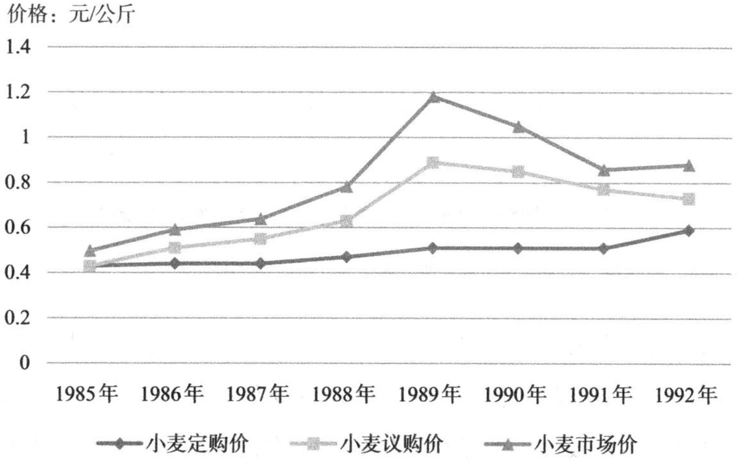

图1－1　1985—1992年小麦定购价、议购价、市场价

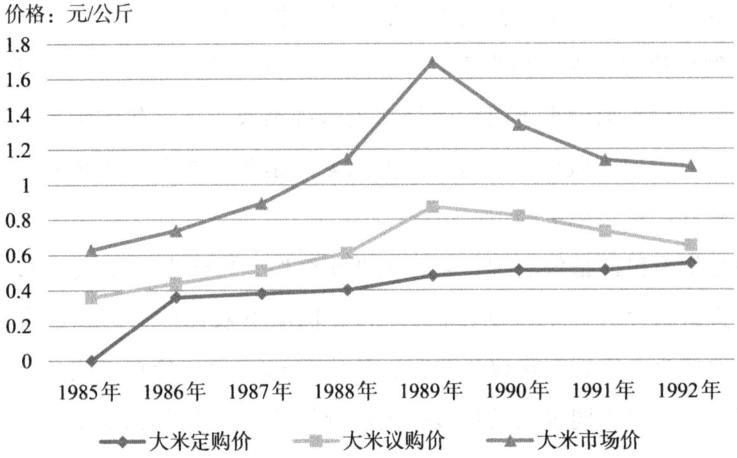

图 1－2　1985—1992 年大米定购价、议购价、市场价

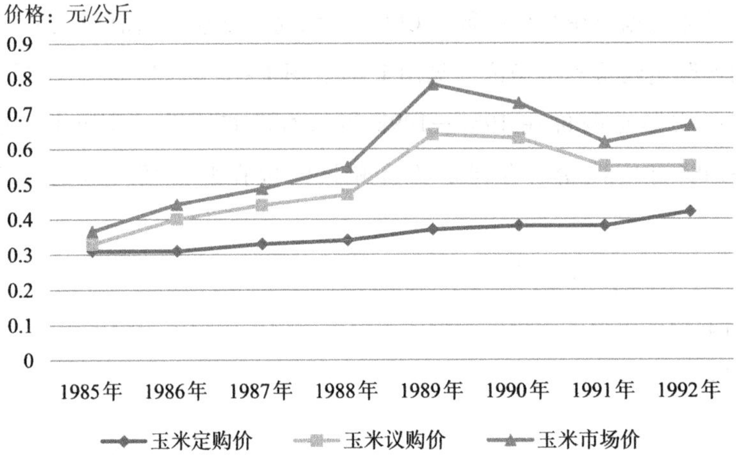

图 1－3　1985—1992 年玉米定购价、议购价、市场价

数据来源：陶昌盛．中国粮食定价机制研究［D］．复旦大学，2004.

为扭转农业发展的不利局面，国家又提升了一系列农产品价格。1989 年较 1988 年，粮食议购价提升 40.3%，市场价提升 47.2%。议购价和市场价的差距虽然仍较大，但已经强烈刺激了农民的生产积极性。1990 年粮食年产量较 1988 年产量增长 9.5%，达到 4.6 亿吨。1991 年 5 月 7 日，国务院发布《国务院关于严格控制农业生产资料价格的通知》：管控、优惠、平价农业生产所需生产资料。1991 年 3 月，中国第一个粮食批发市场——郑州粮食批发市场签订了第一份小麦的远期合同，标志着中国期货交易的开始①。

20 世纪 80 年代中国经济增长有两大支柱，前期是农业，后期是乡镇企业。乡镇企业的蓬勃发展，是农村改革衍生出的最积极的成果。1983 年，邓小平考察江苏，他对当地乡镇企业的迅猛发展感到震惊和鼓舞，仿佛从中看到了实现小康的曙光。自此，政策开始鼓励乡镇企业发展。1984 年，中央转发《关于开创社队企业新局面的报告》，要求政府“对乡镇企业要像对待国企一样，一视同仁，必要时给予一定扶持”。这解除了乡镇企业就地取材、就地加工、就地销售的三大限制，允许其面向全国市场，也允许务工经商的农民自带口粮到集镇落户。1984 年后，乡镇企业迅猛发展，各类企业如雨后春笋般出现②（见表 1－1）。

表 1－1　　1978—1992 年乡镇企业数量　　单位：万家

年份	企业单位数				
	总量	增加率（%）	集体企业	私人企业	个体企业
1978	152		152		
1984	165	8.6	165		
1985	1223	641.2	157	54	1012
1988	1888	54.4	159	120	1609
1992	2092	10.8	153	90	1849

资料来源：国家统计局《中国乡镇资料》《中国统计摘要 2018》。

1987—1988 年我国经济增长过快，规模盲目扩大。1988 年党的十三届三中全会确定了治理经济环境、整顿经济秩序的政策措施，加之出现的姓“资”还是姓“社”争议的政治风波，限制了一些乡镇企业在 1989—1991 年的发展。只从数量来说，乡镇企业中个体企业所受影响不大（其数量只

① 陶昌盛．中国粮食定价机制研究［D］．复旦大学，2004.

② 萧冬连．探路之役——1978～1992 年的中国经济改革［M］．北京：社会科学文献出版社，2019.

在 1989 年相较 1988 年有所减低，10 多万家个体企业只缩减了 1 万余家）；集体企业受到一些影响（1989 年相较 1988 年数据下降 10 万余家）；私营企业受影响最大最明显（1988 年国家统计数据为 120 万多家，1992 年不足 85 万家，下降 35 万余家）。

农村改革释放出了巨大的市场力量，产生了一些新的经济和社会现象。一是出现了专门从事商品生产经营的专业户，这就孕育出一批雇工经营的大户，私人经济开始破茧而出。二是城乡市场的开拓。先是农贸市场的逐步恢复和发展，继而出现了各种专业市场，例如浙江温州、义乌小商品市场。三是乡镇企业的蓬勃发展。毫无疑问，乡镇企业是当时带动中国经济发展的重要引擎。四是出现了大规模的流动劳动力。自从农村实行包产到户之后，农业生产效率大幅上升，释放出大量农村劳动力。持续的“民工潮”为市场发展提供大量廉价劳动力，促进城乡一体化①。

在实行改革开放过程中，全党不断深化对计划与市场关系的认识，逐步形成了以市场为取向的经济体制改革思路。1982 年党的十二大提出了“计划经济为主，市场调节为辅”的原则。党的十二届三中全会突破了“把计划经济同商品经济对立起来”的传统观点，确认我国社会主义经济是公有制基础上有计划的商品经济。1987 年党的十三大进一步提出，社会主义有计划商品经济的体制应该是计划与市场内在统一的体制，新的经济运行机制总体上来说应当是“国家调节市场，市场引导企业”的机制。1992 年初，邓小平在南方谈话中明确指出：“计划经济不等于社会主义，市场经济不等于资本主义，社会主义也有市场。”经过这十多年的“摸着石头过河”的探索之路，市场调节下的改革成果有目共睹。1992 年 10 月，在举世瞩目的党的第十四次全国代表大会上，江泽民明确提出：中国经济体制的改革目标是建立社会主义市场经济体制，标志着社会主义市场经济理论的正式提出和形成。自此，我国的市场经济体制开始正式建设和完善。

---

① 萧冬连．探路之役——1978～1992 年的中国经济改革［M］．北京：社会科学文献出版社，2019.

（二）勇于尝试：市场经济应运而生（1992—2013 年）

1993 年 11 月，党的十四届三中全会审议通过《关于建立社会主义市场经济体制若干问题的决定》，对党的十四大提出的经济体制改革的目标和原则具体化，明确了建立社会主义市场经济体制的基本任务和要求，勾画了其基本框架和总体规划。这一行动纲领推进了我国 20 世纪 90 年代末的经济体制改革，明确了建立社会主义市场经济体制的改革目标，指明了我国经济发展的方向。

为顺利实现深化市场经济改革的目标，必须要建立产权清晰、权责明确、政企分开、管理科学的适应市场经济要求的现代企业制度，建立全国统一开放的市场体系，实现城乡市场紧密结合，国内市场与国际市场相互衔接，促进资源的优化配置①。我国在实践发展和认识深化的过程中摒弃了传统的计划经济，提出建立社会主义市场经济体制，但是一个完善的市场经济体制的建立并不能一蹴而就，而是不断探索的过程②。

1997 年 9 月，党的十五大进一步发展和完善了社会主义市场经济的理论，提出要加快推进国有企业改革，充分发挥市场机制的作用，健全宏观调控体系，加快国民经济市场化进程。在市场方面，要改革流通体制，建立健全市场规则，清除市场障碍，加强市场管理，打破部门垄断、地区封锁，尽快建成统一开放、竞争有序的市场体系，使市场在资源配置中进一步发挥其基础性作用③。

1992—2001 年是中国社会主义市场经济体制初步建立、中国市场化改革全面推进的时期，也是建设统一市场的探索时期。自党的十四大确立了社会主义市场经济体制这一改革目标以来，我国经济体制改革在理论和实践上都取得了重大进展。不可否认，中国的社会主义市场经济体制是中国的社会主义与市场经济相结合并使之发挥协同作用的具有跨时代意义的经

---

① 中国政府网中历次人民代表大会的报告。

② 张百顺，陈洪江．中国市场经济发展道路及其当代世界意义［J］．前沿，2010（11）：78 - 82.

③ 中国政府网中历次人民代表大会的报告。

济体制改革，切实促进了经济发展。

2003年中国经济体制改革进入了一个新的历史阶段——社会主义市场经济体制的完善期。深化经济体制改革面临的形势严峻，任务艰巨，改革的重要性和紧迫性日益凸显。2003年10月，党的十六届三中全会作出了《中共中央关于完善社会主义市场经济体制若干问题的决定》（以下简称《决定》），提出完善社会主义市场经济体制的目标，建设现代市场体系的重要任务是强化市场的统一性。《决定》指出必须坚持完善市场体系，规范市场秩序，打破行业垄断和地区封锁，加快建设全国统一市场，建成完善的社会主义市场经济体制和更具活力、更加开放的经济体系。同时首次提出了要建立健全现代产权制度，依法保护各类产权，推动产权有序流转，保障所有市场主体平等发展的权利和法律地位。至此，社会主义市场经济体制基本确立。

2007年10月，党的十七大报告在论述中强调：要完善社会主义市场经济体制，使市场在资源配置中更好地发挥基础性作用就要从制度上入手。这对市场配置资源的基础性作用提出了新的要求，标志着市场配置资源已进入制度化的新阶段①全国统一的市场体系初步形成。

2008年以美国次贷危机肇始的金融危机，从金融领域向实体经济领域迅速蔓延，如海啸般席卷全球，全世界所有的经济体都深受其害②。此次世界经济危机的实质是典型的资本主义经济危机③，虽然中国经济也受到了一定的冲击，但我国市场经济的特殊性使我们经受住了挑战，顺利度过了经济危机。究其原因是政府这只无形的手在进行适时干预，这是中国市场经济体制探索的成功典范，也从侧面显示出我国社会主义市场经济制度的优越性，同时这次经济危机也给我国带来了新的发展机遇。

从确立社会主义市场经济以来，我国紧紧抓住机遇，迎接挑战，尤其在加入世界贸易组织之后，日渐深入地融入国际经济体系，逐渐推进国内

① 李晓西，林永生．改革开放40年的中国市场经济发展［J］．全球化，2017（07）．
② 邓小平文选（第三卷）［M］．北京：人民出版社，1993．
③ 布茂勇．论经济危机背景下中国市场经济发展取向［J］．商业时代，2010（01）：8-9．

外市场一体化和规范化，经济实现了弯道超车。2010 年我国超越日本成为仅次于美国的第二大世界经济体，国内生产总值位列世界第二，世界经济总量的占比逐年上升，这标志着我国经济体制的发展到了一个新的境界——逐渐与世界相接轨①。

2013 年 11 月，党的十八届三中全会召开，党对社会主义市场经济规律的认识达到新的高度——“经济体制改革是全面深化改革的重点，核心问题是处理好政府和市场的关系，使市场在资源配置中起决定性作用以及更好地发挥政府作用②。”党在中国特色社会主义的伟大实践中一直在思考着政府和市场的关系：从市场对资源配置起“辅助性作用”，到“基础性作用”，再到“决定性作用”，理论的不断进步塑造了社会主义市场经济的运行轨迹。

经过 40 多年的改革开放，高度集中统一的计划经济已经不复存在，我国已初步形成社会主义市场经济体制，但“市场取向”的改革探索并没有完成，必须继续改革攻坚，从制度上进一步发挥市场配置资源的决定性作用。

二、推陈出新：市场制度与规则的逐步建立

随着社会主义市场经济体制的不断完善，我国经济社会实现了快速发展，资本、技术、数据等要素市场规模迅速扩大，但仍存在不少问题，如市场秩序不规范、生产要素市场发展滞后、市场规则不统一、市场竞争不充分等③，影响国内要素资源有序流动与配置效率，不利于完善的社会主义市场经济体制的建设。面对中国改革开放的这一新局面，“统一大市场”的概念被首次提出。

2013 年 11 月，党的十八届三中全会审议通过了《中共中央关于全面

---

① 中国政府网中历次人民代表大会的报告。

② 李晓西，林永生．改革开放 40 年的中国市场经济发展［J］．全球化，2017（07）．

③ 习近平．关于《中共中央关于全面深化改革若干重大问题的决定》的说明［J］．Beijing Review，2014，57（06）：6－16．

深化改革若干重大问题的决定》（以下简称《决定》），提出了全面改革的总目标，强调“使市场在资源配置中起决定性作用，加快建设统一开放、竞争有序的市场体系，建立公平开放透明的市场规则，实行统一的市场准入制度，实行统一的市场监管”。自《决定》下发后，全面深化改革领导小组不断出台新举措，推动改革进一步深化，主要体现在市场准入制度改革、产权制度改革和公平竞争审查工作三方面。

在市场准入方面，以 2013 年第五轮中美战略与经济对话期间的对外投资协定谈判为契机，党的十八届三中全会提出实行统一的市场准入负面清单制度，将负面清单的概念从投资协定谈判引入国内经济治理①。2015 年 10 月 2 日，《国务院关于实行市场准入负面清单制度的意见》正式出台，提出按照先行先试、逐步推开的原则，探索形成全国统一的市场准入负面清单制度，对地方保护和市场分割行为的打击从目标的高屋建瓴落实到了具体的措施层面。这大大减少了政府的行政审批，减轻企业的负担，释放市场的活力，有效发挥市场在资源配置中的决定性作用。

在产权制度改革方面，党的十八大以来，党中央对依法保护产权工作和制度建设高度重视，首次提出“健全以公平为核心原则的产权保护制度”和“编纂民法典”的重大政策目标。只有对产权予以严格保护，才能稳定各类投资者的预期，规范并保障市场主体的生产经营行为，维护正常的市场秩序。2016 年 11 月《关于完善产权保护制度依法保护产权的意见》出台，强调产权制度是社会主义市场经济的基石，要坚持平等保护、全面保护、依法保护、共同参与。

在公平竞争审查方面，2016 年 6 月 1 日国务院出台《关于在市场体系建设中建立公平竞争审查制度的意见》，强调建立公平竞争审查制度，维护公平竞争秩序，激发市场活力，进而促进实现创新驱动发展和经济持续健康发展。我国公平竞争审查工作从 2016 年 7 月开始正式实施，力争以公平公正监管营造更透明营商环境，促进经济循环畅通，推动经济持续健康

---

① 赵晓雷．自贸试验区引领市场准入制度改革［J］．商讯，2018（20）：117－118．

发展[①]。

2017 年 10 月 18 日，党的十九大报告提出经济体制改革必须以完善产权制度和要素市场化配置为重点，要全面实施市场准入负面清单制度，确保市场统一和竞争公平。其中《市场准入负面清单（2018 年版）》于 12 月 25 日正式公布，我国市场准入负面清单制度进入全面实施新阶段，实现清单之外所有市场主体“非禁即入”。2019 年负面清单减 20 项，清单不断地进行着自我更新升级，结构内容持续优化，制度体系不断健全。同时，我国深入推进高水平对外开放，深化制造业开放，不断放宽外资准入。

党的十九大以来，我国流通体系建设取得明显进展，知识产权保护成效显著，市场准入闲置不断放宽，公平竞争共识不断凝聚，社会信用体系逐步健全，全国统一大市场建设步伐加快。但仍存在着诸多现实堵点，需要进一步优化营商环境，形成联通高效的物流网络，健全以信用为基础的新型监管机制，强化金融基础设施建设。国务院出台《关于加快推进社会信用体系建设构建以信用为基础的新型监管机制的指导意见》，以加强信用监管为着力点，建立健全贯穿市场主体全生命周期，衔接事前、事中、事后全监管环节的新型监管机制，不断提升监管能力和水平，进一步规范市场秩序，推动高质量发展。

2020 年暴发的新冠肺炎疫情影响广泛深远，逆全球化趋势更加明显，全球产业链、供应链面临重大冲击，风险加大。面对外部环境变化带来的新矛盾、新挑战，我国由被动参与国际经济大循环转向主动推动国内国际双循环，加快形成以国内大循环为主体、国内国际双循环相互促进的新发展格局，并以此来统领中国经济发展[②]。而构建新发展格局，关键在于实现经济循环流转和产业关联畅通。要做到这一点，必须深化改革、扩大开放、打破地方保护和市场分割，加快建设全国统一大市场，充分发挥我国

---

① 逄锦华. 构建与社会主义制度相适应的全国统一大市场［J］. 财富时代，2022（06）：51－58.

② 刘志彪，江飞涛，李伟，李湛，刘亮，蒋媛媛，于秋阳，胡映洁，贾婷月，郭家堂. 建设全国统一大市场［J］. 上海经济，2022（04）：1－20.

超大规模市场优势和内需潜力。在加快国内大循环的制度建设的同时，我国坚持对标高标准国际经贸规则，全面扩大高水平对外开放，持续推进加入全面与进步跨太平洋伙伴关系协定 CPTPP 和数字经济伙伴关系协定 DEPA，坚持高质量实施 RCEP 协定，维护区域产业链供应链安全稳定，推动国内国际双循环。

2022 年 4 月 10 日《中共中央国务院关于加快建设全国统一大市场的意见》（以下简称《意见》）发布，《意见》明确指出建设全国统一大市场是构建新发展格局的基础支撑和内在要求。其本质上是通过打破各种壁垒和自我小循环来促进“国内大循环”，进而推动国内产业链、供应链的进一步畅通，在全国范围内形成供给与需求更高层次和更加良性的动态平衡，助力国民经济向更高质量发展。《意见》从制度规则入手建设全国统一大市场，提高制度的统一性、规则的一致性、执行的协同性，将为建设高标准市场体系、构建高水平社会主义市场经济体制奠定更加坚实的基础。

新时代下，跨地区和跨行业运营的新业态纷纷涌现，我国现代化市场制度规则亟须与国际高标准制度规则衔接，亟待推动制度型开放，更好利用全球要素和市场资源的大市场，以此推动中国高标准市场体系和高水平社会主义市场经济体制的建立，进而不断夯实我国市场“大”的基础，积蓄转向“强”的动力①。

第三节　睁眼看世界：国际高标准的制度规则

实现高水平社会主义市场经济体制建设，实现规则、规制、管理、标准等制度型的充分放开并不容易，可能会是一个长期的过程，这不仅需要改革的内生动力，还需要外部的竞争压力。通过学习借鉴各国的先进经验

① 吴一平，李霞，陈家和．加快制度规则创新建设全国统一大市场［J］．审计观察，2022(06)：4－9.

和国际高标准制度规则，再从中国特色出发，才能更好地建立起混合的基于开放包容共享的先进制度规则。

一、对标先进：与国际高标准制度规则相衔接

“十四五”规划纲要提出，“建设更高水平开放型经济体制。全面提高对外开放水平，持续深化商品和要素流动型开放”。对标国际经贸规则，建设统一大市场，是成为推进互利共赢、高水平开放型经济体系的必由之路。

（一）国际组织的制度规则

下文就其中的 CPTPP（《全面与进步跨太平洋伙伴关系协定》）与 RCEP（《区域全面经济伙伴关系协定》）进行对比介绍。

全面与进步跨太平洋伙伴关系协定（Comprehensive and Progressive Agreement for Trans - Pacific Partnership，CPTPP），是亚太国家组成的自由贸易区（见图 1 -4）。2021 年 9 月，中国正式提出申请加入 CPTPP。

图 1 -4　11 国代表签署 CPTPP

CPTPP 的定位是 21 世纪的综合性自由贸易协定，除了减免关税和推动服务与贸易自由化外，还覆盖了世界贸易组织关注的大量议题，涵盖面较广（见表 1 -2）。例如，市场准入、竞争、知识产权、环境和劳工标准、

投资、公共采购、卫生和植物卫生措施、贸易技术壁垒等。

表1-2　　CPTPP 协定章节名称

序号	章名	序号	章名
1	初始条款和一般定义	11	知识产权
2	货物贸易	12	电子商务
3	原产地规则	13	竞争
4	海关程序和贸易便利化	14	中小企业
5	卫生与植物卫生措施	15	经济技术合作
6	标准、技术法规和合格评定程序	16	政府采购
7	贸易救济	17	一般条款和例外
8	服务贸易	18	机构条款
9	自然人临时变动	19	争端解决
10	投资	20	最终条款

在货物贸易方面，CPTPP 缔约国的基本义务包括对 CPTPP 地区符合要求的货物免除关税，并向其他缔约国的货物给予等同于本国国民的待遇。除减免关税的承诺外，该协定要求缔约国遵守进出口限制纪律，明确进出口许可程序，还致力于制止缔约国通过出口税费和出口补贴等手段扭曲市场。

在知识产权方面，CPTPP 确立了知识产权保护与执行的一般规则，覆盖了多个方面，包括版权、商标、地理标志、专利、工业设计、保密信息、植物品种保护、民事执法、边境执法和刑事执法等，旨在鼓励投资新想法，支持创意创新行业，应对和防止盗版及伪造，推动信息、知识和技术传播。

在市场准入方面，CPTPP 要求缔约国取消全部关税，实质性减少非关税壁垒，降低了商业成本，实施国内监管改革，确保国内市场的开放和透明。协定还提出了许多其他方面的规定。例如，协定要求缔约国在亚洲太平洋地区确保维持较高的劳工和环境标准。

在竞争方面，CPTPP 禁止缔约国限制、过度干预合法的商业竞争行为，以提高经济效率和消费者福利，要求缔约国将国家竞争法普遍适用于该国所有的商业活动中，并设有一个或多个执行竞争法的相关部门或机关。

中国加入 CPTPP 有利于深化改革，推进制度型开放。加入 CPTPP 的过程，是我国对接高标准国际经贸规则推动制度型开放，以开放倒逼改革、促进创新、推动高质量发展的过程，有利于推动高水平开放和深层次改革，加快高质量双循环体系的建设。

图 1－5　15 国签订 RCEP

《区域全面经济伙伴关系协定》（Regional Comprehensive Economic Partnership，RCEP）是 2012 年由东盟发起，由包括中国、日本、韩国、澳大利亚、新西兰和东盟十国共 15 方成员历时 8 年制定的协定。RCEP 缔约方的目标是共同建立一个现代、全面、高质量以及互惠共赢的经济伙伴关系合作框架，以促进区域贸易和投资增长，并为全球经济发展作出贡献。RCEP 的生效实施标志着全球人口最多、经贸规模最大、最具发展潜力的自由贸易区正式落地。

在贸易方面，15 个缔约国之间采用双边两两出价的方式对货物贸易作出自由化安排，协定生效后区域内 90% 以上的货物贸易将最终实现零关税。零关税主要分为两种类型：立刻降税到零和 10 年内降到零关税。零关税使 RCEP 自贸区有望在较短时间兑现所有货物贸易自由化的承诺。

在知识产权方面，通过有效且充分的创造、运用、保护和实施知识产权权利来深化经济一体化和合作，减少对贸易和投资的扭曲和阻碍。该协定就著作权、商标保护、地理标志保护、可授予专利及授予权利等方面作出详细的规定。

在竞争方面，协定规定缔约国应当完善禁止反竞争的法律和法规，并建立有效的实施机关。通过采取和维持禁止反竞争行为的法律和法规，以及缔约方在制定和实施竞争法律和法规方面的区域合作，来促进市场竞争，提高经济效率和消费者福利。CPTPP 和 RCEP 均包含竞争政策章节，且都对竞争立法、竞争执法、技术合作、信息保密、消费者保护等重点内容作出详实规定，对执法规范化提出了一系列明确具体的要求。

在市场准入方面，RCEP 使用了正面引导和负面清单相结合的规定，其中各成员国均采用负面清单方式对制造业、农业、林业、渔业、采矿业 5 个非服务业领域投资作出较高水平开放承诺。而 CPTPP 全部采用负面清单模式，要求各成员国除了限制或禁止开放的领域，应当以一般自由化措施予以全方面开放。由于要求开放的领域更多、程度更高，其对跨国投资的推动作用更强。

在对外开放的深度方面，RCEP 在已涉足领域的开放力度不及 CPTPP。在对外开放的广度方面，RCEP 更加注重传统经贸规则领域，更多涉及与贸易实体相关的协定，CPTPP 则涉及更多新兴议题和边境内措施。中国在已经参加了 RCEP 的基础上，进行涉及面更加广泛的统一与改革，力争同时加入 CPTPP，这极大程度上激励着中国制度的革新。

（二）发达国家的市场制度

产权保护制度方面，发达国家重视将知识产权作为本国发展战略的重要政策支撑，主要可以分为两类：第一类为科技领先型国家，以知识产权作为战略支撑，主要指美国。美国对本国知识产权，一直有着强烈的保护意识，先后颁布了成文法，如《版权法》《可观赏艺术作品作者权利法》等，以及判例法（判例是法律的基本形式之一）。美国在实施知识产权国际保护方面也出台了许多措施，如 TRIPS 协议（TRIPS 协议的签订进一步提高了其他国家的知识产权保护的执法水平)、“特殊 301”条款（该条款的主要特点就是为了控制其他国家市场，迫使其他国家或地区接受美国倡导的知识产权保护标准，以允许美国的知识产权商品进入其市场）[①]；第二类为技术赶超型国家，主要以欧盟、日本为代表。日本近年来提出知识产权立国的理念，成立知识产权战略本部，专门协调国际国内知识产权保护，同时通过知识产权基本法和知识产权战略大纲，先后出台《专利法》《商标法》《国际申请法》等[②]。欧盟知识产权战略是“超国家战略”，与国家知识产权战略相比，它不仅要像国家一样，加强对外合作与交流，应对挑战与对抗，同时还需要平衡内部各成员之间的利益[③]。首先，在专利领域，打破成员国“各自为政”的局面，统一了欧盟各成员国的专利申请和诉讼制度，2007 年 12 月出台了《欧洲专利公约 2000》，取消了以往专利申请在申请阶段的翻译要求，简化了欧洲专利申请日的获取。其次，在商标保护方面，欧共体注重立法，1993 年颁布了《欧共体商标条例》，经注册的 CTM 可在欧盟成员国内产生效力并受到保护。2004 年通过了《欧共体商标条例》的修改，扩大了“CTM 所有人”的定义范围[④]。

市场准入制度方面，总体上，发达国家的市场开放度相比发展中国家较高。以美国为代表的西方国家极力主张服务贸易自由化，但也不是绝对地开放本国的服务市场，在不同领域有不同程度的限制，主要包括：沿海及内河运输、航空、通讯、土地利用、能源资源、银行和海运等，其限制程度主要取决于本国在这一领域的竞争力以及是否危及国家主权。美国为了保护国家安全及经济利益，在联邦及各州特别法令中，对外国投资的个别部门、出资比例等均有不同程度的限制。美国 1934 年修订的《联邦通

---

① 冯晓青．美、日、韩知识产权战略之探讨［J］．黑龙江社会科学．2007（06）．

② 张晓，曹冬梅．日本知识产权战略运用的特点及启示［J］．中国科技信息，2016（15）：107－108．

③ 林小爱，林小利．欧盟知识产权战略新进展及其对我国的启示［J］．电子知识产权，2008（09）：26－30．

④ 孙玉芸，刘艳妹．欧盟知识产权战略的实施及其对我国的影响［J］．企业经济，2013（11）．

讯法》规定，仅美国公民可特许经营无线电广播及电视行业，禁止外国人所有或控制的公司取得经营通信事业的一切设备的特许权。在沿海及内河运输方面，根据1920年琼斯条例规定，在美国两地之间或其属地之间的一切货运、客运，必须由在美国制造并在美国注册，并且为美国公民所拥有的船舶装运。无论何时，在外国注册的船舶，永久丧失其在美国的装载权。在美国注册的船舶公司，其主要负责人必须是美国公民，而且美国公民所拥有的股份，须占75%，即外国人在公司所占的股份，不得超过25%。

公平竞争制度方面，近年来“竞争中性”已成为美欧等西方国家普遍推崇的竞争制度的典型代表，可视为国外对公平竞争研究的理论成果体现。“竞争中性”制度（Competitive Neutrality，又称“竞争中立”制度）旨在解决国有企业和私营企业的公平竞争问题。目前竞争中性的一般含义，是指非歧视性地对待国有企业和民营企业、本国企业和外国企业。

社会信用体系方面，发达的市场经济国家主要有两种模式，一种是以美国为代表的模式，美国是世界上最发达的征信国家，也是世界上信用交易额最高的国家。美国信用体系具备了征信国家的基本内涵，不仅有比较完善、有效的信用管理体系，而且有完全市场化运作的信用服务企业主体，还有对信用产品有着强烈需求的信用产品使用者。美国社会信用体系的框架主要包括以下四个方面内容：完善的法律体系和健全的信用管理体系；市场化运作的各类信用中介服务机构；信用产品的巨大需求和市场主体较强的信用意识；规范的信用行业管理制度。另一种是以欧洲大陆国家为代表的模式。法国、德国和比利时等一些欧洲国家的社会信用体系不同于美国，主要表现在以下三个方面：信用信息服务机构是作为中央银行的一个部门建立起来的，而不是由私人部门发起设立的；银行需要依法向信用信息局提供相关信用信息；中央银行对信用管理部门承担主要的监管职能①。

① 邵宇．建立社会信用体系的国际经验与启示［J］．西南金融，2002（10）：56－58.

二、实事求是：发展中国特色市场制度

（一）加快构建新发展格局，着力推动高质量发展

在二十大讲话中，习近平总书记提到：坚持社会主义市场经济改革方向，坚持高水平对外开放，加快构建以国内大循环为主体、国内国际双循环相互促进的新发展格局。增强国内大循环内生动力和可靠性，提升国际循环质量和水平，加快建设现代化经济体系，着力推进城乡融合和区域协调发展，推动经济实现质有效提升和量的合理增长①。

建立全国统一大市场是激活国内大循环的重要基础。以国内大循环为主体，意味着着力打通国内生产、分配、流通、消费的各个环节，发挥中国超大规模市场优势，以满足国内需求作为经济发展的出发点和落脚点。

（二）立足于国情与实际，贴合中国特色社会主义发展

改革开放以来，区域竞争推动了改革开放的进程，对经济快速发展起到了积极作用，但地方保护愈演愈烈，阻碍了企业间的公平竞争，并成为妨碍建设全国统一大市场的重要因素。因此，促进区域协调发展，深入实施区域协调发展战略，优化重大生产力布局，构建优势互补、高质量发展的区域经济布局和国土空间体系成为必行之策。

国务院发展研究中心宏观经济研究部杨光普副主任表示：地方保护割裂了全国统一市场，使得资源无法在全国范围内实现优化配置，阻碍了我国规模经济优势的发挥。必须尽快构建系统完备、科学规范、运行有效的竞争政策体系，做实国务院反垄断委员会，负责竞争政策的制定与执法。破除市场壁垒和地方保护，营造商品自由流动、平等交换的市场环境，完善市场监管体制，改革税制体系，削弱地方政府实行地方保护的动机，增强地方政府维护国内市场统一的激励效果，促进全国范围乃至更大范围的

---

① 习近平．高举中国特色社会主义伟大旗帜为全面建设社会主义现代化国家而团结奋斗——在中国共产党第二十次全国代表大会上的报告（2022 年 10 月 16 日）［J］．中国人力资源社会保障，2022（11）：7 - 26.

公平竞争[①]。

（三）拿来即用国际高标准不可取，实事求是方为上策

国内国际双循环相互促进，强调以国内经济循环为主并不意味着关门封闭，而是通过发挥内需潜力，使国内市场和国际市场更好地联通[②]，推进高水平对外开放，加快建设贸易强国，推动共建“一带一路”高质量发展，维护多元稳定的国际经济格局和经贸关系。国内现行的市场制度与国际高标准制度相比仍有很多不足，但在推行“制度一律”时，盲目提高市场制度标准，厂家、经销商等各处不符合标准的半成品、存货会被积压，甚至于生产线都需要废弃重建。这样的方法不亚于刮骨疗伤，最后的结果对提高国内产品质量与商品等级可能十分有效，但是地震般的改革过程，从厂商、经销商、仓库、商场和消费者无一受益，国内市场的平衡被打破，势必也会影响国内经济的平稳运行。

2021 年立足战略定位和区位特色优势，覆盖东西南北中的 21 个自由贸易试验区正对标高标准国际经贸规则，深入推进高水平制度开放。开放是当代中国的鲜明标识。习近平总书记多次强调：“中国开放的大门不会关闭，只会越开越大。”风帆高扬、奋楫争先，各自贸试验区正加快对外开放高地建设，推动加快构建新发展格局[③]。

---

① 刘慧．全国统一大市场畅通国内大循环［N］．中国经济时报，2022-04-13（001）．

② 张伟伦．推进经济高质量发展与世界共享机遇［N］．中国贸易报，2022-10-18（001）．

③ 自贸试验区对标高标准国际经贸规则，深入推进高水平制度型开放．人民日报，2021 年．

第二章　破立并举立为先：为全国统一大市场夯实制度根基

第一节　筑新格局：构建推动区域经济一体化发展的制度规则

一、主要障碍：我国区域经济一体化发展中的制度规则壁垒

（一）行政区划壁垒

在各种妨碍市场竞争、阻碍经济一体化发展的制度障碍中，地区间的行政区划壁垒是其中的主要障碍，主要表现在一些地方保护主义政策（地方政府为维护本地产业或工人的利益对经济活动进行干预），其中以地区间的行政垄断行为为主，如地区间关税、地方性法规等，一些规制政策阻碍了商品、资金、劳动力、技术等在各地区间的自由流动，并且地方保护的重点正在转向保护本地劳动者免受外来人员竞争的影响。值得注意的是，地方保护的形式五花八门，而且正变得愈加隐蔽（如通过行政程序而非公开规定加以实施），尤其是一些表面上看似乎符合公众利益的措施。

（二）行政体制性壁垒

我国在从计划经济向市场经济转变的过程中，政府对经济管理的能力和效率逐步提高，但政府对微观事务的管理仍然存在强大的规制，突出的表现是政府的行政审批制度不够高效，审批手续繁琐复杂，既加重了政府规制负担，浪费了较多的人力、物力和财力，又提高了企业的合规成本。

当前阻碍区域经济合作的行政壁垒具体表现为以下六个方面。

1. 各级政府各自为政，普遍存在越位和缺位的现象，直接表现就是自己经营城市。政府权大于法，领导以言代法，搞“上有政策下有对策”，某些工程必须使用本地产品的规定等。还有一些行政领导充当企业的保护伞，使企业进行偷税或其他违法的非公平竞争。个别地方政府支持或纵容假冒伪劣商品生产以牺牲道德、正义换取暂时的富裕。

2. 搞地区封锁导致区域之间出现严重的产业重构现象。如长三角地区在相距不远的16个城市中有11个城市选择汽车零配件制造业，8个城市选择石化业，12个城市选择通信产业，由此不可避免地产生招商引资的恶性竞争。

3. 在人才流动方面，区域圈内由于户籍制度以及地方政府安排就业等压力，各地对外来人口就业通常都采取歧视性政策。外地求职人员往往被拒之门外的现象在城市圈的核心城市非常普遍。

4. 支持部门创收。收取过路费、过桥费及各种罚没款。收费部门多、收费人员杂、素质参差不齐，行政前置审批过多、过滥，企业经营务虚性支出过大等。

5. 各种地方政府的贸易、制度壁垒。例如，一家企业在江苏省获得了某种卫生、质量认可但在进入上海市场时还必须得到上海有关部门的认可。在浙江免检的产品到了上海还要再检，甚至在同一个省内这个城市的免检商品进入其他城市还要再从上到下“跑一趟”。目前，一些跨行政区域的企业依旧受到诸如行政收费的制约，位于区域交界地区的水、电、路等仍处在互相分割的状态。另外，城市圈内有些政府常将优秀企业视为“生蛋的金鸡”，总想尽可能将企业留在自己的辖区内，以便为本地提供就业岗位，增加财政收入，甚至不惜采取种种手段阻碍企业自由跨区域发展。

6. 司法部门参与地方封锁。司法部门听命于政府和行政命令对政府的违法行为不敢或不愿监督使行政壁垒加重；司法部门办案效率低、推诿失职现象严重，致使经营者在诉讼过程中的权益不能得到及时保护，特别是在一些跨地区案件中案件执行难于上青天，经营者面对地方保护主义只能望洋兴叹。

（三）区域协调障碍

随着我国地区间的经济联系越来越紧密，各地方合作的范围和领域不断拓展，政策协调性有了一定的发展，但对同一经济活动的规制上仍然存在不一致或者重复的情况。

各地区间的政策之间之所以存在低效率的组织协调，关键是缺少独立的跨行政区的规制机构。通常，市场经济越发达的国家，规制机构的独立性就越强。新型的保持利益中性的规制机构才能保障规制制定、执行和审查的公正性与科学性。我国尚未建立起成熟的规制机构体系，也未成立专门的规制改革委员会。当前政府间的合作在很大程度上还是靠政府领导推动，这难免会带有一定的主观性，很难保证决策的科学合理性。例如，主管领导的个人偏好、对某项经济事项的关注程度差异以及政府的换届和职位调整，往往对政府合作有着重要的影响，有些政策或者绩效评估甚至带有明显的每 5 年或每 10 年更换的特征。

二、投石问路：国内城市群一体化发展的制度规则探索

（一）改革开放初期城市连绵带的设想

早在 1980 年，中国地理学家宋家泰在其《城市—区域与城市区域调查研究——城市发展的区域经济基础调查研究》一文中首次提出了“城市群”这一术语，其对城市群的界定是“多经济中心的城市区域”[①]。1983 年，于洪俊、宁敏越在《城市地理概论》一书中首次用“巨大都市带”的译名将西方学者戈特曼的有关思想引入中国，具体解释为“至少有着 2500 万城市人口，城市用地比例越来越高，城市与城市间的分界带日渐模糊，城市地域相互蔓延，甚至连成一片”[②]。1988 年，周一星在都市区的基础上，提出了与大都市带接轨且符合中国特点的“都市连绵区”的概念，同

---

① 宋家泰．城市—区域与城市区域调查研究——城市发展的区域经济基础调查研究［J］．地理学报，1980（04）．

② 于洪俊，宁越敏．城市地理概论［M］．合肥：安徽科学技术出版社，1983．

时指出中国东南沿海已经形成了两个都市连绵区，即长江三角洲和珠江三角洲（含港澳）地区，并分析了这些地区所共有的社会经济特征①。

（二）20世纪90年代城市群的出现

进入20世纪90年代，我国城市体系不断趋于完善，在一些经济比较发达的地区，受城市化和郊区化的共同影响，以中心城市为核心，且与周边区县存在紧密交互作用的都市区成为我国城市化的新形式，并开始出现由若干个都市区组成的城市密集区。姚士谋等（1992）在《中国的城市群》一书中将其称为城市群（Urban Agglomeration），并概括为“在特定的地域范围内具有相当数量的不同性质、类型和等级规模的城市，依托一定的自然环境条件，以一个或两个特大或大城市作为地区经济的核心，借助于综合运输网的通达性，发生与发展着城市个体之间的内在联系，共同构成一个相对完整的城市‘集合体’”②。该阶段，除了长三角地区沪宁杭、京津冀、珠江三角洲、辽东半岛和山东半岛城市群发展较快且比较完善之外，还有成渝、中原、关中、长江中游地区、哈大齐、长吉和厦漳泉地区等城市群也在逐步完善和集中化，群体组合的趋势更加明显。这些城市群正在成长为推进中国现代化和城镇化的主要力量。

（三）城市群的快速发展阶段

进入21世纪，我国城市群进入快速发展阶段，学术界和政府层面对于城市群的理论研究和实践探索不断深入，围绕长三角、珠三角、京津冀、辽中南、长株潭等几大城市群的理论与实证研究成果不断丰富。政策层面，自2006年起我国就开始将城市群作为国家新型城镇化的空间主体；2010年12月印发的《国家主体功能区规划》将城市群作为重点开发区和优化开发区；2013年12月召开的首次中央城镇化工作会议和2014年3月中共中央发布的《国家新型城镇化规划（2014—2020年）》将城市群作为推进国家新型城镇化的空间主体，提出以城市群为主导，构建大中小城市

---

① 史育龙，周一星．关于大都市带（都市连绵区）研究的论争及近今进展述评［J］．国际城市规划，2009，24（S1）．

② 姚士谋等．中国的城市群［M］．合肥：中国科学技术大学出版社，1992．

与小城镇协调发展的城镇化新格局；2016年3月发布的《中华人民共和国国民经济和社会发展第十三个五年规划纲要》也提出要加快城市群发展，优化提升东部地区城市群，建设京津冀、长三角、珠三角世界级城市群，提升山东半岛、海峡西岸城市群开放竞争水平。培育中西部地区城市群，发展壮大东北地区、中原地区、长江中游、成渝地区、关中平原城市群，规划引导北部湾、山西中部、呼包鄂榆、黔中、滇中、兰州—西宁、宁夏沿黄、天山北坡城市群发展，形成更多支撑区域发展的增长极。促进以拉萨为中心、以喀什为中心的城市圈发展。建立健全城市群发展协调机制，实现城市群一体化高效发展；2018年11月28日发布的《中共中央国务院关于建立更加有效的区域协调发展新机制》中提出要建立以中心城市引领城市群发展、城市群带动区域发展的新模式，推动区域之间融合互动发展。以北京、天津为中心引领京津冀城市群发展，带动环渤海地区协同发展。以上海为中心引领长三角城市群发展，带动长江经济带发展。以香港、澳门、广州、深圳为中心引领粤港澳大湾区建设，带动珠江－西江经济带创新绿色发展。以重庆、成都、武汉、郑州、西安等为中心，引领成渝、长江中游、中原、关中平原等城市群发展，带动相关板块融合发展。

除此之外，国家层面相继也出台了一系列精细化的发展规划，包括《长江中游城市群发展规划》《京津冀协同发展规划纲要》《成渝城市群发展规划》《长江三角洲城市群发展规划》《中原城市群发展规划》《关中平原城市群发展规划》《粤港澳大湾区发展规划纲要》，等等。官方公认的城市群数量也由1个增加到10个，再到目前的19个①。截至2019年9月，国家发改委共印发了11个城市群的发展规划纲要，这些城市群分别是：长江中游城市群、哈长城市群、成渝城市群、长江三角洲城市群、中原城市群、京津冀城市群、北部湾城市群、关中平原城市群、呼包鄂榆城市群、兰西城市群、粤港澳大湾区。

---

① 方创琳．改革开放40年来中国城镇化与城市群取得的重要进展与展望［J］．经济地理，2018，38（09）．

（四）城市群与都市圈齐头并进的阶段

都市圈是城市群的核心，也是推进城市群健康高质量发展的核心抓手。国家对都市圈的建设十分重视，早在2014年3月中共中央发布的《国家新型城镇化规划（2014—2020年）》中就提出要“培育形成通勤高效、一体化发展的都市圈”，但是没有出台具体的指导意见和推进方案。直到2019年2月，《国家发改委关于培育发展现代化都市圈的指导意见》中才首次对都市圈的概念和范围进行了明确的界定，并就如何培育现代化都市圈提出了具体的指导意见，提出：都市圈是城市群内部以超大特大城市或辐射带动功能强的大城市为中心、以1小时通勤圈为基本范围的城镇化空间形态。要通过推进基础设施一体化、强化城市间产业分工协作、加快建设统一开放市场、推进公共服务共建共享、强化生态环境共保共治、率先实现城乡融合发展、构建都市圈一体化发展机制等措施培育发展一批现代化都市圈，为城市群高质量发展、经济转型升级提供重要支撑。2019年3月，国家发改委印发《2019年新型城镇化建设重点任务》，提出要按照统筹规划、合理布局、分工协作、以大带小的原则，立足资源环境承载能力，推动城市群和都市圈健康发展，构建大中小城市和小城镇协调发展的城镇化空间格局。此外，2019年8月召开的中央财经委员会第五次会议也提出中心城市和城市群正在成为承载发展要素的主要空间形式，要促进各类要素合理流动和高效集聚，增强中心城市和城市群等经济发展优势区域的经济和人口承载能力。至此，我国已进入城市群和都市圈齐头并进、互促互进的发展阶段。

三、非常之谋：粤港澳大湾区经济一体化发展的制度规则探索

粤港澳大湾区的发展蓝图是在2017年香港特别行政区成立20周年期间在香港签署的《框架协议》后于2019年2月最终发布的。经过40多年的改革开放，珠三角这一显著的品牌重塑背后的驱动力是双重的，以重申该地区在国民经济发展中的领导作用。大湾区由香港特别行政区、澳门特别行政区和珠三角内9个城市组成，在新阶段被视为“珠三角奇迹”的延

伸。珠三角始于1979年，其市场导向的改革进程使该地区从经济落后地区转变为具有全球重要位置的地区“发电厂”。珠三角从80年代到90年代因通过廉价的土地和劳动力生产低端消费品而声名狼藉，尽管有些不平衡，但珠三角已被成功重组，以创新驱动的高科技制造业得到更多的认同。

就中国的内部地缘政治而言，粤港澳大湾区框架旨在加快香港和澳门在“一国两制”实施方面的进一步融合。就国内战略而言，大湾区也以钻石的形状形成了五个主要城市集群的南端，包括东海岸的长江三角洲、京津冀以及中国西部和中部的两个集群，以成都和重庆为中心的成渝集群和以武汉为中心的长江中游大都市圈。与其他世界级的湾区相比，粤港澳大湾区的目标还在于竞争或变得“更大”，并且经常与旧金山、纽约和东京进行比较。粤港澳大湾区的竞争优势在于其经济动力和拥有四个大型城市，尽管其复杂的地方动态和各种基于地点的差异是需要克服的真正挑战。从外部看，大湾区也将在“一带一路”倡议中发挥关键作用，是中国与世界一起促进经济发展、贸易繁荣的又一大关键举措。

作为与国家和全球政治经济联系在一起的自上而下的策略，“大湾区”的抽象名称暗示着具有海洋倾向的海湾、港口城市和近岸岛屿的图像。1985年，珠三角正式划定边界以吸引外资，此后，香港沿海地区的工业转移加快了内陆劳动密集型轻工业的增长。这开创了“前店后厂”合作模式的早期成功，该模式使殖民地香港领先于以廉价珠三角生产为后盾的海外出口。

到20世纪90年代中期，随着珠三角地区发展成为更正规，经过战略规划的9城经济区，转向了重工业，例如高科技电子设备和出口机械。珠三角改革后的城市演变也被西方的目光吸引。1996年，已经在珠三角工作的著名社会学家曼努埃尔·卡斯特斯（Manuel Castells）在《网络城市的崛起》中写道，这个隐约可见的中国南方大都市将成为“21世纪最具代表性的城市面孔”。尽管库哈斯向东的启示性好奇心在一定程度上基于对西方城市抽象秩序的反传统反驳，但卡斯特尔认为珠三角的新兴空间逻辑证明了基于全球化经济和信息的“网络社会”的出现。通过他有先见之明的研究，卡斯特对现在熟悉的“流动空间”的理论预示了特大城市的未来，甚至预见了诸如此类的问题。

在有关区域规划和大城市定位的讨论中，珠三角的空间结构已根据不断变化的行政边界、经济生产力和基础设施的连通性进行了轮廓调整。在新兴产业、研发和高端领域中，粤港澳大湾区之间的联系更紧密，并具有不断发展的创新驱动型经济。通过正式的联合开发机制，越来越鼓励城市间合作和跨境合作，同时还实施了物流共享和基础设施升级以及高层协调。从基本的三小时旅行外圈到具有改善的宜居性的内部“1 小时生活区”，所有这些都将促进人员、货物和信息在海湾内的流动性。吸引投资、支持企业、扩大劳动力和人才库的激励措施，都与国家推动的对大城市融合的渴望相吻合。甚至有人提出了“湾区公民”的概念，以推测基于岭南文化共同根基的跨城市集体身份和社会意识。

实际上，行政界限和政治界限的层次表明了持续的体制、经济和社会差异。最早的经济特区成立于 1979 年，始于毗邻香港的深圳和毗邻澳门的珠海，是开创性的实验，旨在利用能力差异来产生相互作用和双向流动。这些为加速经济增长而指定的例外领土，是靠受控的国外进口、税收和金融优惠来运作的，并配以熟练的劳动力和资源。特别是深圳令人印象深刻的繁荣证明了这些飞地在刺激发展和进步方面的价值。然而，在“深圳速度”成为中国快速城市化的口号之前，是深圳西端的蛇口港率先进行了第一次工业和现代化改革。

最近建立的自由贸易区，即深圳西部的前海、广州南部的南沙和珠海的横琴，也进行了类似的尝试。前海设计了一个现场运营总体规划，计划作为深圳的新国际金融、跨境电子商务和专业服务中心。横琴面向澳门，以休闲旅游、教育和文化服务为主题。南沙位于珠三角中心，通过香港投资已拥有发达的工业和港口设施，拥有许多标签，其中包括航运、高科技产业、创新发展和优质生活。大湾区纲要鼓励这些战略性地带的优惠区建立新的发展模式和体制机制，向香港和澳门企业展示进一步的开放性，并争取与国际惯例更好地融合，尽管它们的最终贡献或成功只有在进一步成熟时才能得到适当的评估。

事实上，香港（在较小程度上是澳门）与中国大陆之间的经济和政治思想差异一直是引发珠三角正式化的对外开放政策的源头。迄今为止，香港的珍贵属性仍然是其无与伦比的国际定位，在全球金融和稳健经济中的关键区域作用，完善的司法和行政系统、信息、人才和资本的自由流通、透明的机构和高度发达的专业服务。敦促香港政府通过大湾区倡议，发挥其独特优势，同时将视野拓展到珠三角腹地。探索新的产业并发现新的地域，建议包括充当国际化孵化器或中立的全球数据中心，提供先进的金融、专业和消费者服务，通过建立跨司法管辖区的机构来增进理解，并通过建立具有“香港风格”的区域来加强互动，在交通枢纽附近优化工作微环境和公共服务，以吸引香港人。

澳门已转变为一个拥有世界遗产的利润丰厚的胜地，而近年来，香港已发展成为一个充满政治色彩的全球金融中心。许多内地研究人员仍将大湾区视为在经济发展和国家一体化的双重轨迹下进行的区域建设全球试验。硬件改进（如港口扩展和新的特殊合作区等新连接）与对 GDP 基准的认真追求密切相关，以建设一个经济的“超级区域”全球影响力。随着交通的改善减少边界的影响，大湾区的产业集群有望取代城市成为全球竞争的基本单位。要通过长期规划，协调发展和增长管理来克服城市之间不平衡的社会条件。澳门有“世界旅游休闲中心”和“中国与葡语国家之间的经贸合作服务平台”的独特地位，并致力于成为“交流与合作的基地”。澳门在大湾区城市中表现出鲜明的特征和功能，是一个自由港、单独的关税地区、简单的税收制度和良好的商业环境。为了加强澳门对大湾区发展的参与，澳门特别行政区政府于 2018 年 11 月成立了粤港澳大湾区建设工作委员会，以促进相关系统的发展和机制。这包括加强对技术创新的支持，比如澳门建立四个国家重点实验室、模拟国家重点实验室、智慧城市物联网国家重点实验室等，共同推动广州—深圳—香港—澳门科技创新走廊的建立。通过聚集创新领域的国际资源，大湾区致力于实现创新驱动的发展，重点是增强将技术创新转化为商业应用的能力，从而将自己定位为科技创新的国际高地。随着澳门实施第十四个“五年计划”，加快建立“以内需为主体，国内外市场可以相互促进”的新发展格局，澳门将充分发挥自己的作用，加强与大湾区其他城市的交流和联系，以及大湾区与葡语国家以及“一带一路”沿线国家和地区之间的网络联系，以期加强有效地将国内和国际市场及其资源对接，并共同实现更高水平的增长。

在区域重组方面，粤港澳大湾区已从简单的“轮辐式”模型（前车间、后工厂模式）过渡到由四个突出核心连接到七个较小节点的多中心网络。湾头三角洲地理环境正在打造一个“内圈”（香港、深圳和东莞，直至广州、佛山、中山，再到珠海和澳门），该圈投资巨大，联系紧密，并且发达，具有先进的城市功能，还有一个“外圈”（惠州、江门、肇庆），是工业重工业的腹地，并从内圈城市辐射出来。广州市、深圳市、东莞市、惠州市、珠海市、中山市、江门市、肇庆市佛山市等珠江三角洲城市群与港澳形成的加强合作与互动，集中资源并提高竞争力，尽管合作取得了不同的成功。广佛一体化最引人注目，对邻近地区实施了联合公交，规划和发展计划。深圳一直在与邻近的东莞和惠州合作，将公司和产业搬迁到那里，以适应自身更高价值的业务，而珠海、中山和江门将在西部大湾区进一步发展之前变得不活跃。同时应深化体制创新并重新调整治理结构，以平衡州、省和市政府的利益，应促进更多的对话和谈判，以及企业和社会各界的广泛参与。

与其过度依赖更多的城市失事协作，不如采取有效的高层干预措施，并采取适当的公开态度，使市场力量为有机整合提供信息。为了尽量减少竞争，避免重叠的投资和恶性竞争，应制定有利于合作精神的宏观政策和程序，以协调利益和责任的分担；同时应引入能够发挥每个城市的优势和实际需求的微型项目和激励措施。

粤港澳大湾区需一个可行的，多层次的制度建设过程，以协调相互竞争的价值观和制度，建立制衡、奖惩制度，并防范资源和环境过度开发。以城市为基础的新陈代谢过时的“珠三角模式”，主要依靠资源投入、环境成本和不受束缚的消费，必须让位于基于区域，注重能源和气候启发的生态，让其适应各个城市的资源弹性和环境承载能力。发展贸易、工业、技术和运输的动力必须与渴望提高人们生活质量、文化包容性、知识开放性和生态保护的愿望相结合。

第二节　举措必当：逐步完善国内高标准市场体系

一、恰逢其时：高水平社会主义市场经济体制的提出背景

2021年，党的十九届五中全会审议通过《中共中央关于制定国民经济和社会发展第十四个五年规划和二〇三五年远景目标的建议》，提出要“构建高水平社会主义市场经济体制”。

（一）提出背景

在现阶段提出构建高水平市场经济体制，其原因就在于我国经济进入新常态、新时代、新阶段，经济发展面临的任务和背景都发生了深刻变化。新时代必须站在新的、更高的历史起点上正确认识并准确把握百年未有之大变局。在我国社会主要矛盾发生转化，以及我国经济发展阶段发生转变的背景下，需要进行新时代的经济体制改革，在新的历史起点上努力构建高水平的社会主义市场经济体制。

1. 在世界百年未有之大变局的背景下，需要构建高水平社会主义市场经济体制

世界面临百年未有之大变局，我国发展仍处于并将长期处于重要的战略机遇期。当前世界疫情和传统安全风险相互交织，全球治理体系和国际格局加速调整。全球化进程中的不确定因素和不稳定因素显著增加。主要体现在以下两个方面。

一方面，新一轮的全球科技革命和产业革命正在推进。其中高精尖技术飞跃式发展、科技成果的转化效率空前提高、全要素生产率提升的速度不断加快、形式日趋多样化，都推动着产业组织形式、市场经济体制发生

转变。在这样的现实情况下，必须要坚持扩大高水平开放和深化市场经济体制改革互促共进，抓住新一轮产业和科技革命带来的机遇，推动我国市场经济体制改革，建立起更高水平的社会主义市场经济体制。另一方面，全球化治理结构正在发生调整。伴随经济全球化的深入，各经济体间的相互依存度不断加深。而近年来贸易保护主义抬头、逆全球化趋势加剧、新冠肺炎疫情蔓延等问题为全球经济发展带来诸多不确定性。全球化治理结构正处于复杂多变、充满矛盾的调整阶段。面对这一现实，我国作为负责任的发展中大国，需要实现以高水平开放促进深层次市场经济体制改革，在投身于经济全球化、融入世界市场的同时积极参与全球经济治理体系变革，积极提供中国方案。

2. 在我国社会主要矛盾发生转化的背景下，需要构建高水平社会主义市场经济体制

现阶段，我国社会主要矛盾已经转化为人民日益增长的美好生活需要和不平衡不充分的发展之间的矛盾。随着中国社会主义市场经济的发展，社会主要矛盾日益集中地表现为市场供需矛盾。首先，市场发展不平衡的问题主要表现在三个方面，一是在市场规模体量较大的背景下，我国社会主义市场经济存在的各种结构性体制机制问题依然比较突出。二是我国市场经济的发展培育在城乡和区域间仍存在不平衡，市场机制发挥的作用效果存在差异。三是市场经济发展成果的共享上，不同社会阶层、社会群体在更高层次需求的满足方面存在差距。其次，发展不充分的问题主要体现在以下三个方面，一是市场发育还不充分、市场体系有待健全、市场经济的制度建设仍需加强，政府和市场的关系未能完全理顺。二是全社会的创新潜力和市场经济的活力有待进一步激发，需建立起统一开放的要素市场。三是与高水平社会主义市场经济建设相匹配的更高水平开放型经济新体亟待建立，目前与国际高标准市场规则体系的衔接还不充分。

在新时代我国社会主要矛盾发生转化的背景下，构建高水平社会主义市场经济体制的能够更好地满足人们日益增长的美好生活需要，让全体人民共享市场经济发展的丰硕成果，从而提高人们的生活水平，保障公平正

义，增进全社会福祉，最终实现共同富裕。

3. 在我国经济新发展阶段的背景下，需要构建高水平社会主义市场经济体制

党的十九大报告对进入新时代后我国经济发展的阶段性特征进行了科学判断与高度概括，认为我国经济已由高速增长阶段转入高质量发展阶段，对构建高标准、高水平、高质量的社会主义市场经济体制提出了新要求。社会主义市场经济的高水平发展能够为高质量发展提供可靠保障。市场经济是资源由市场机制配置的经济形式，高水平的市场经济机制能够实现资源配置效率的最优化，进而提高全要素生产率，节约经济运行带来的成本，促进经济发展的效率变革。其次，市场机制的有效运行也能够充分保障价格机制、供求机制和竞争机制发挥作用，能够提高资源配置的效率。高水平的社会主义市场经济为企业公平参与市场竞争提供有力保障，能够最大限度的地激发企业的活力和创新力，促进各类企业，尤其是中小企业茁壮成长、健康发展。

（二）高水平社会主义市场经济体制的内涵

党的二十大报告明确指出要“构建高水平社会主义市场经济体制”，并将其作为构建新发展格局、推动高质量发展的重要举措。构建高水平社会主义市场经济体制，“高水平”是关键。高水平社会主义市场经济体制是充满活力的体制，是“产权有效激励、要素自由流动、价格反应灵活、竞争公平有序、企业优胜劣汰”的体制。具体来说，高水平社会主义市场经济体制主要体现在下列三个方面。

1. 将有效市场和有为政府更好结合

党的二十大报告中明确指出：“坚持和完善社会主义基本经济制度，毫不动摇巩固和发展公有制经济，毫不动摇鼓励、支持、引导非公有制经济发展，充分发挥市场在资源配置中的决定性作用，更好发挥政府作用。”处理好政府和市场的关系，是构建高水平社会主义市场经济体制的核心问题。

2. 建设全国统一大市场

党的二十大报告指出，要“构建全国统一大市场，深化要素市场化改

革，建设高标准市场体系”。建设全国统一大市场，就要大力推进要素市场化改革，既包括促进土地等传统要素在城乡之间的统一融合、价格市场决定、自主有序流动和高效公平配置，也包括增强数据、知识、技术等新型要素活力，关键是全面完善产权保护制度、实施统一的市场准入负面清单制度和完善公平竞争制度，夯实市场经济运行的基石，实现资源优化配置和企业优胜劣汰，为推动经济高质量发展助力。建设全国统一大市场，就意味着必须建设高标准市场体系，这是高水平社会主义市场经济体制的重要组成部分和有效运转的基础。

3. 激发各类市场主体活力

党的二十大报告指出，构建高水平社会主义市场经济体制，核心和关键在于进一步从理论和实践上“坚持和完善社会主义基本经济制度”，弘扬企业家精神和创新精神，使各类市场主体更加充满活力。市场主体是经济发展的基本载体，是经济活动的主要参与者、就业机会的主要提供者、技术进步的主要推动者，在国家经济发展中发挥着十分重要的作用。

（三）构建高水平社会主义市场经济体制要求完善高标准市场体系

1. 高标准市场体系的内涵

市场体系是市场经济运行的基础。党的十九届五中全会明确提出建设高标准市场体系的目标任务，即“健全市场体系基础制度，坚持平等准入、公正监管、开放有序、诚信守法，形成高效规范、公平竞争的国内统一市场”。高标准市场体系是我们党在世界百年未有之大变局加速演进的重大背景下，面向建设社会主义现代化国家新百年目标，面向构建高水平社会主义市场经济体制而构建的一整套市场制度体系。因此，建设高标准市场体系是一项重大的基础改革。

2. 完善高标准市场体系对构建高水平社会主义市场经济体制的意义

高标准市场体系是高水平社会主义市场经济体制的重要组成和实现保障，对新发展阶段我国开启全面建设社会主义现代化国家新征程意义重大，对构建高水平社会主义经济体制发挥着基础性、关键性和全局性支撑作用。

（1）完善高标准市场体系有利于加快构建新发展格局。

构建新发展格局必须利用好大国经济纵深广阔的优势，通过商品和服务市场发展，把我国巨大的需求潜力转化为实际需求，为我国经济发展增添动力。而需求潜力的释放要靠市场，建设高标准市场体系可以发挥大国经济的市场规模效应与要素集聚效应，有利于激发市场主体活力和创造力，为构建新发展格局注入强大市场动能，为构建高水平社会主义市场经济体制提供有力保障。

（2）完善高标准市场体系有利于资源配置和要素流动。

构建高水平的社会主义市场经济体制必须着力破除妨碍生产要素市场化配置和商品服务流通的体制机制障碍。建设高标准市场体系，有利于形成市场主体公平竞争的市场环境，实现企业优胜劣汰；有利于促进要素自主有序流动，使要素资源向先进生产力和优势主体集聚；有助于充分激发市场主体的活力和创造力，为我国经济高质量发展提供动力，这些都为构建高水平社会主义市场经济体制提供了基础支撑。

（3）完善高标准市场体系有利于供需对接。

构建高水平社会主义市场经济体制必须充分发挥市场机制作用，疏通政策堵点，促进国内供需有效对接。建设高标准市场体系，特别是健全市场基础制度，坚持平等准入、公正监管、开放有序、诚信守法，这有利于打通流通大动脉，实现“惊险一跃”，贯通生产、分配、流通、消费各环节，推进市场提质增效，为构建高水平社会主义市场经济体制提供重要链接。

（4）完善高标准市场体系有利于“两个循环”的相互促进。

构建高水平社会主义市场经济必须增强国内大循环的主体作用，并以强大国内市场和供给能力为支撑，带动国内国际双循环。建设高标准市场体系，完善适应和促进双循环的体制机制及政策体系，有利于更好利用两种资源和两个市场，提高经济质量效益和核心竞争力，为构建高水平社会主义市场经济体制提供制度保障。

建设高标准市场体系有利于加快完善社会主义市场经济体制。高标准市场体系是对现代市场体系的延续和升级，更加强调制度的完备性，更加强调公平竞争，更加强调政府维护市场秩序的重要性。因此，实施高标准市场体系建设，是进一步理顺政府与市场关系的具体行动，是加快完善社会主义市场经济体制的内在要求。

二、抚今追昔：我国市场体系建设的过去、现在和未来

（一）我国市场体系建设的历史探索

市场体系作为由商品市场及要素市场构成的有机整体，是社会主义市场经济体制的重要组成部分和有效运转的重要基础。回顾40多年来的改革和发展历程，中国市场体系的建立和发展，具有明显的阶段性、渐近性特征，经历了以下几个发展阶段：

1. 1978—1991年：启动改革与探索培育阶段

党的十一届三中全会以后，在价格改革和农村改革的带动下，我国农业生产力迅速恢复，农村个体经营和集贸市场首先放开，农副产品商品化开始起步，其他商品市场也开始萌芽。1984年，党的十二届三中全会通过的《中共中央关于经济体制改革的决定》明确提出，社会主体经济是公有经济基础上的有计划的商品经济，经济体制改革中心开始由农村转向城市。1987年党的十三大报告明确提出“社会主义市场体系”的概念和“国家调节市场，市场引导企业”的目标，为市场体系建设提供了重要政策依据，促进了市场体系的发展。经过10多年的市场培育，我国商品市场、劳动力市场和资本市场从无到有，从小到大，从封闭走向开放，从计划主导到市场辅助，各类市场体系成长迅速。

2. 1992—2012年：开放促改革与加快创新阶段

党的十四大报告确立了建设社会主义市场经济体制的经济体制改革目标。1993年，党的十四届三中全会通过了《中共中央关于建立社会主义市场经济体制若干问题的决定》，制定了社会主义市场经济体制的总体规划，提出“着重发展生产要素市场”“打破地区、部门的分割和封锁”“规范市场行为，创造平等竞争的环境”，并首次提出“形成统一、开放、竞争、

有序的大市场”。1997 年，党的十五大报告提出，“加快国民经济市场化进程，进一步发挥市场对资源配置的基础性作用。”2001 年，我国加入 WTO，市场体系在市场规则、运行机制、法律制度等方面与国际市场接轨的步伐加快。2002 年，党的十六大报告提出“健全现代市场体系”。2003 年，党的十六届三中全会通过《中共中央关于完善社会主义市场经济体制若干问题的决定》，再一次强调完善社会主义市场经济体制，建设“统一、开放、竞争、有序的现代市场体系。”2007 年，党的十七大报告进一步指出，“加快形成统一、开放、竞争、有序的现代市场体系，发展各类生产要素市场，完善反映市场供求关系、资源稀缺程度、环境损害成本的生产要素和资源价格形成机制，规范发展行业协会和市场中介组织，健全社会信用体系。”截至 2012 年，我国各类市场加速向纵深发展，在市场规则、运行机制、法律制度等方面也加速与国际市场接轨。

3. 2013 年至今：深化改革和开启高质量发展阶段

党的十八大特别是党的十八届三中全会以来，我国进入全面深化改革阶段。党的十八届三中全会通过的《中共中央关于全面深化改革若干重大问题的决定》提出，要紧紧围绕使市场在资源配置中起决定性作用，全面深化经济体制改革，健全统一开放、竞争有序的现代市场体系。2018 年 1 月 30 日，习近平总书记在主持中央政治局就建设现代化经济体系进行第三次集体学习时，深刻论述了现代市场体系在现代化经济体系中的地位及其下一阶段建设目标，明确提出，要建设统一开放、竞争有序的市场体系，实现市场准入畅通、市场开放有序、市场竞争充分、市场秩序规范，加快形成企业自主经营公平竞争、消费者自由选择自主消费、商品和要素自由流动平等交换的现代市场体系。2021 年，党的十九届五中全会审议通过《中共中央关于制定国民经济和社会发展第十四个五年规划和二〇三五年远景目标的建议》，提出要“构建高水平社会主义市场经济体制”。

（二）我国市场体系建设的现状

1. 我国市场体系建设取得的成就

改革开放 40 多年来，中国实现了从高度集中的计划经济体制向社会主义市场经济体制的全方位、系统性、根本性的伟大转变。中国经济释放出巨大活力，市场经济不断发展壮大，综合国力持续增强，人民生活水平显著提高，铸就了人类经济发展历史上的壮举。主要成就体现在以下三个方面。

（1）市场发展水平大幅提升。

我国市场发展水平大幅提升，在消费品市场、大宗商品市场、证券市场、信贷市场、保险市场、劳动力市场等方面，均已位居全球市场前列。主要表现在，一是市场供给极大丰富，已经告别改革开放之初供不应求的短缺经济，除少数商品和部分服务外，市场动态平衡和供过于求已经成为市场常态，实现了从供不应求向供过于求、再向供求动态平衡的根本性转变。二是市场化程度显著提高，市场机制作用不断增强。当前，中国已经形成国有、股份制、外资、私营等多种所有制共同发展、充满活力的多元化市场竞争格局。三是市场发展环境日趋向好，社会信用体系建设取得长足发展，专业化服务体系发展迅速，极大地促进了优胜劣汰、公平竞争、诚实守信的经营环境的改善。

（2）市场体系建设持续完善。

一方面，构建了立法、执法、司法全方位产权保护制度体系，建立了公平竞争审查制度，清理废除了妨碍统一市场和公平竞争的各种规定和做法，全面实施市场准入负面清单制度，并加快完善价格市场决定、流动自主有序、配置高效公平的要素市场制度，形成了强大国内市场。另一方面，市场结构调整升级不断加快，基本形成了涵盖生产资料和生活资料相结合、有形市场和无形市场相结合、线上与线下融合互动等多形式多层次的商品市场体系。最后，金融、劳动力、技术等要素市场体系进一步完善并持续快速发展，多样化、多层次的市场体系加快形成。

（3）形成了更大范围、更宽领域、更深层次的高水平对外开放。

党的十八大以来，我国坚持统筹发展和安全，在更大范围、更宽领域、更深层次上扩大高水平对外开放。同时，以共建“一带一路”为重点，推动企业稳步“走出去”，境外投资发展迈上新台阶，国际合作新优势加快培育。对外开放水平不断提升，市场体系国际化程度大幅提高，市场主体“走出去”步伐加快，国内国际市场互联互通不断加强。

市场体系建设取得的巨大成效也成为市场体系建设所积累的宝贵改革经验，可为新时代更好推动高标准市场体系建设和实现高质量发展提供借鉴。

2. 存在的问题

改革开放以来，我国经济体制改革始终沿着市场化方向不断推进，其目的就是让市场机制在资源配置中起基础性作用。然而这一作用的充分发挥，必须以健全完善的高标准市场体系为平台。从近年来的发展情况看，我国的市场体系建设还面临着一定的困境，主要表现在以下三个方面。

（1）存在地方行政切割市场的问题。

地方行政切割市场的问题阻碍了市场内在机制的发育和市场整体功能的生成。我国市场的分割和封锁问题使市场机制在资源配置中的应有作用难以有效发挥。不仅导致了不同行政分割区经济结构的高度趋同，阻碍了产业结构的优化升级，而且也打击了先进、保护了落后，对企业的长远生存与发展带来了负面的影响。此外，这种分割与封锁，也削弱了国家宏观调控能力，加剧了市场的无序混乱状态。

（2）存在市场准入歧视、不公平竞争的问题。

一方面，对不同所有制、不同规模、不同地区的市场主体，一些地方在基础设施建设、服务业准入、采购招标等领域，仍然存在或明或暗的歧视和附加条件。另一方面，监管规则不统一不透明。不同地区的监管标准、执法依据和执法尺度存在差异，企业在跨区域经营时难以形成稳定预期。比如，一些地方面向特定企业及投资者出台财税、土地、补贴等方面的优惠政策，这些非市场和经济因素加剧了地区之间的不公平竞争，对企业进行市场决策形成干扰。最后，通过地方法规和标准保护本地市场和企业的做法依然存在，形成商品、服务和要素市场壁垒，干扰了市场主体的跨区域经营。

（3）存在地方保护主义的问题。

一方面，在中国经济发展中，地方分权尤其是财政包干对地区经济发展产生了正向激励，由此也引发了一些地方的“一亩三分地”思维，政策取向更多考虑一地一域，而非站在全国角度通盘考虑。这使得我国很多行业存在集中度不高、低水平重复建设的问题。另一方面，在隐性地方保护主义下，地方以“大而全”“小而全”产业链为目标，使跨区域兼并难以实施，有些行业即使产能严重过剩也难以市场出清。此外，地方保护主义还大幅抬升了市场交易成本，如受疫情影响，不少出口企业转向内销，但大多转型并不顺利，其中不乏隐性门槛高的原因。

（三）国内高标准市场体系建设方向

1. 统一国内市场制度规则的必要性

建设全国统一大市场，就意味着必须建设高标准市场体系，这是高水平社会主义市场经济体制的重要组成部分和有效运转的基础。其中高标准市场体系要求形成统一的制度规则，因此，建立统一制度规则是建设统一大市场的制度性保障和重要内容。

（1）制度规则为市场经济提供基本的秩序供给。

规则制度是市场经济得以正常运行和稳定发展的重要保障手段。市场经济的核心是竞争。在竞争过程中，各类市场经济主体不断追求自身利益的最大化，并由此产生了复杂的产权关系、经营关系、交换关系等。这些主体间的权利义务关系需要通过统一的规则制度予以确认和维护，以提高彼此的行为预期，从而实现有序发展。

（2）市场的负外部影响需通过规则制度予以调控。

市场主体在追逐利益的过程中会出现垄断及信息不对称、环境污染等负外部性，严重破坏市场经济秩序，需要通过规则制度对此类行为进行调控和矫正。不同的区域出现多重标准、新旧法适用混乱、规范冲突等现象，也会导致市场经济秩序的混乱，且易引发市场的不公平性和市场资源分配的低效率。

在此情形下，需要制定统一的制度规则，为建设统一大市场提供制度性保障，从而打破垄断和地方保护主义，实现对市场经济秩序的有效供给。

2. 国内高标准市场体系的建设方向

改革开放以来，在经济发展目标的驱动之下，各地不断加码扶持政策以促进经济增长，有的地方因利益诉求而采取不正当的干预手段，设置种种市场壁垒，从根本上降低了资源配置效率。在新发展格局下，需通过统一市场制度规则来规范政府与市场的关系，夯实经济高质量发展的制度基础。具体来说，现阶段可从以下三个方面加以推进。

（1）实行统一的市场准入制度。

一方面，实行统一的市场准入制度需要制定负面清单，严禁各地区各部门自行发布具有市场准入性质的负面清单，维护市场准入负面清单制度的统一性、严肃性、权威性。在此基础上，各类市场主体可依法平等进入清单之外领域，并要切实推进配套改革和制度创新，克服隐性的准入障碍，构建公平的市场准入环境。另一方面，依法开展市场主体登记注册工作，逐步实现经营范围登记的统一表述。同时，制定全国通用性资格清单，统一规范评价程序及管理办法，提升全国互通互认互用效力。

（2）维护统一的公平竞争制度。

一方面，坚持对各类市场主体一视同仁、平等对待。健全公平竞争制度框架和政策实施机制，建立公平竞争政策与产业政策协调保障机制，优化完善产业政策实施方式。另一方面，健全反垄断法律规则体系，加快推动修改反垄断法、反不正当竞争法，完善公平竞争审查制度，完善重点领域和行业性审查规则，健全审查机制，统一审查标准，规范审查程序，提高审查效能。

（3）破除地方保护和区域壁垒。

一方面，各地区需要综合比较优势、资源环境承载能力、产业基础等因素，找准自身功能定位，避免低层次重复建设和过度同质竞争，不搞“小而全”的自我小循环，更不能以“内循环”的名义搞地区封锁。另一方面，建立涉企优惠政策目录清单并及时向社会公开，及时清理废除各地区含有地方保护、市场分割、指定交易等妨碍统一市场和公平竞争的政策，全面清理歧视外资企业和外地企业、实行地方保护的各类优惠政策，对新出台政策严格开展公平竞争审查。最后，加强地区间产业转移项目协调合作，建立重大问题协调解决机制，推动产业合理布局。

第三节　实践探索："一带一路"先进适用规则

"一带一路"沿线国家处于不同发展阶段，有着具体国情，面临实际问题，要进行制度规则创新，探索最适合本地的先进适用规则。

一、风险挑战："一带一路"合作中的制度规则障碍

从当前情势看，作为一种"意愿联合体"，"一带一路"沿线国家存在最活跃的经贸合作，也使其合作机制面临诸多复杂挑战和风险。

（一）"一带一路"沿线国家的宗教法与合作机制内的世俗法之间的冲突

"一带一路"沿线不仅有几十个国家，更关涉几十个民族不同的宗教信仰。从信仰角度看，宗教法或宗教教义是不可亵渎的，它们确保了人们的精神需求，维持着人们之间和睦、亲善的社会秩序。但必须明晰，"宗教法占主导地位的国家会拒绝与宗教命令相冲突的任何规范"。在"一带一路"沿线国家的合作中，忽视法律本身的无能为力是十分危险的，但抵制宗教法或者忽视宗教信仰的极端化倾向也是十分危险的。

（二）"一带一路"沿线国家的政权更迭对已承诺的合作义务的影响

例如，在"丝绸之路经济带"上，被称为"欧洲粮仓"的乌克兰自2014年初以来，总统、内阁的变动如"走马观花"，而克里米亚"脱乌入俄"以及乌克兰东部的持续流血冲突，都使国内政局危机不断升级，并波及与中国的经贸合作，特别是与中国签署的农业领域的合作协议。在没有强制性的制裁措施和集中认可的争端解决权威的情形下，要求"民主"更迭的政府"善意履行"或者"以人性调和方式"履行已承诺的国际义务则显得苍白无力。

（三）大国之间的战略竞争裹挟着相关国家的领土争端

在"丝绸之路经济带"上，美国和俄罗斯都根据各自的战略方针及其与该区域内国家达成的协议，进一步调整战略方向和战略部署，并通过各种方式对该地区国家的内政外交施加影响，其间的战略竞争关系有时甚至

处于“剑拔弩张”的边缘，这特别体现在2014年克里米亚“脱乌入俄”事件上。沿着“21世纪海上丝绸之路”，中国“一出家门”便遇上美国的“亚太再平衡”战略。大国的战略布局和战略竞争，增加了“一带一路”沿线国家间经贸合作的复杂性。

二、迎难而上：“一带一路”合作中的制度规则创新探索

2014年是“一带一路”倡议实施重要的一年。在这一年中，习近平主席先后多次发表了有关“一带一路”的演讲和讲话，为“一带一路”倡议的实施，打下了坚实的基础。

2014年3月27日，习近平主席在联合国教科文组织总部作了题为《文明因交流而多彩，文明因互鉴而丰富》的演讲，演讲指出：我们应该推动不同文明相互尊重、和谐共处，让文明交流互鉴成为增进各国人民友谊的桥梁、推动人类社会进步的动力、维护世界和平的纽带。4月1日，习近平主席在布鲁日欧洲学院作了题为《在亚欧大陆架起一座友谊和合作之桥》的演讲，演讲指出：我们要共同努力建造和平、增长、改革、文明四座桥梁，建设更具全球影响力的中欧全面战略伙伴关系……让亚欧两大洲人员、企业、资金、技术活起来、火起来，使中国和欧盟成为世界经济增长的双引擎。6月5日，习近平主席在北京举行的中阿合作论坛第六届部长级会议开幕式上作了题为《弘扬丝路精神，深化中阿合作》讲话，讲话概括了丝绸之路精神，并首次集中阐述共商共建共享原则。9月18日，习近平主席在印度世界事务委员会作了《以“一带一路”为双翼，同南亚国家一道实现腾飞》演讲，指出：中国提出“一带一路”倡议。就是要以加强传统陆海丝绸之路沿线国家互联互通，实现经济共荣、贸易互补、民心相通。中国希望以“一带一路”为双翼，同南亚国家一道实现腾飞。11月4日，习近平主席在中央财经领导小组第八次会议上作了《加快推进丝绸之路经济带和二十一世纪海上丝绸之路建设》的讲话，首次集中阐述推进“一带一路”建设的重大意义和工作要求。11月8日，习近平主席在北京举行的“加强互联互通伙伴关系”东道主伙伴对话会上作了《联通引领

发展，伙伴聚焦合作》讲话。讲话指出：“一带一路”和互联互通是相融相近、相辅相成的。11月11日，习近平主席在北京举行的亚太经合组织第二十二次领导人非正式会议上作了题为《共建面向未来的亚太伙伴关系》的开幕致词，指出：面对新形势，……打通融资贵、融资难的瓶颈，实现联动式发展。12月5日，习近平主席主持中共十八届中央政治局第十九次集体学习时作了《加快实施自由贸易区战略，构建开放型经济新体制》的讲话，指出要逐步构筑起立足周边、辐射“一带一路”、面向全球的自由贸易区网络。

2015年3月28日，为推进实施“一带一路”，让古丝绸之路焕发新的生机活力，以新的形式使亚欧非各国联系更加紧密，互利合作迈向新的历史高度，国家发展改革委、外交部、商务部联合发布了《推动共建丝绸之路经济带和21世纪海上丝绸之路的愿景与行动》，这是我国政府部门首次发布“一带一路”的纲领性文件。

3月28日、29日，习近平主席在博鳌亚洲论坛2015年年会开幕式和年会上分别作了题为《欢迎沿线国家和亚洲国家积极参与“一带一路”建设》主旨演讲和《中国经济发展给世界各国及各国企业提供新的合作契机》的讲话。4月21日，习近平主席在巴基斯坦议会作了《做大共同利益蛋糕，走向共同繁荣》演讲。2015年9月22日，习近平主席在华盛顿州当地政府和美国友好团体联合欢迎宴会上作了《“一带一路”是开放包容的》演讲。10月15日，习近平主席在北京会见出席亚洲政党丝绸之路专题会议的外方主要代表时作了《重塑丝绸之路，促进共同发展》讲话。10月21日，习近平主席出席在伦敦金融城举行的中英工商峰会时《“一带一路”是大家携手前进的阳光大道》的致辞。10月29日，习近平主席在党的十八届五中全会第二次全体会议上作了《“一带一路”建设是扩大开放的重大战略举措和经济外交的顶层设计》的讲话。

2016年1月16日，亚洲基础设施投资银行开业仪式在北京钓鱼台国宾馆举行，57个成员国代表共同按下启动键。习近平主席致辞，指出，亚投行是全球首个由中国倡议设立的多边金融机构，重点支持亚洲地区及

“一带一路”有关沿线国家的基础设施建设，促进经济合作，标志着“一带一路”战略正式实施。此后，习近平主席在不同的场合分别作了《推进“一带一路”建设，努力拓展改革发展新空间》《“一带一路”建设是沿线各国共同的事业》《共同推进中国—中亚—西亚经济走廊建设》《让“一带一路”建设造福沿线各国人民》《中国发展新起点，全球增长新蓝图》《构建创新、活力、联动、包容的世界经济》《提高我国参与全球治理的能力》《让经济全球化进程更有活力、更加包容、更可持续》《共担时代责任，共促全球发展》《共同构建人类命运共同体》《携手推进“一带一路”建设》《在“一带一路”国际合作高峰论坛欢迎宴会上的祝酒辞》《开辟合作新起点，谋求发展新动力》《在“一带一路”国际合作高峰论坛圆桌峰会上的闭幕辞》《坚持和平发展道路，推动构建人类命运共同体》《抓住世界经济转型机遇，谋求亚太更大发展》《“一带一路”建设是推动构建人类命运共同体的重要实践平台》《加强战略和行动对接，携手推进“一带一路”建设》等一系列的讲话、演讲。

2018 年 12 月 16 日至 17 日，“一带一路”国际合作高峰论坛咨询委员会第一次会议在北京举行；2019 年 4 月 27 日，第二届“一带一路”国际合作高峰论坛咨询委员会第二次会议在北京召开。我们相信，中国倡议并组织实施的“一带一路”建设，必将为亚欧非乃至世界各国的发展建设，注入新的活力。

三、摸索前行：“一带一路”合作制度规则探索

（一）绿色发展制度

坚持绿色发展是新时期中国在发展领域的重大政策调整。自“一带一路”倡议提出以来，能源项目一直是其核心，约占倡议建设投入的 44%，其次是交通项目，占比为 30%[①]。丝路基金在签署《绿色投资原则》之前

---

① Cecilia Joy - Perezand Derek Scissors, “Be Wary of Spending on the Beltand Road”, American Enterprise Institute, Vol. 14, 2018, p. 2, http: //www. aei. org/wp - content/uploads/2018/11/Updated - BRI - Report. pdf.

的2013年至2016年，其90%以上的能源投资用于化石燃料项目，在煤炭项目上投资了50亿美元，而根据2017年中国的官方估计，在“一带一路”沿线国家运营的中国公司中有58%未发布过社会责任报告①。2018年，超过40%的电力行业“一带一路”贷款仍用于煤炭项目，继续投资燃煤发电厂不符合中国承诺的《巴黎协定》气候目标②。针对“一带一路”领域经济发展方式过于粗放的积弊，中国切实转变发展方式，坚持把绿色发展置于首位，把绿色作为底色，实现包容、绿色和高质量发展的统一。绿色发展是包括生产、消费、流通、创新和金融在内的全方位发展，是共建“一带一路”高质量发展的关键环节，绿色创新是“一带一路”可持续发展的内在要求，绿色国际制度由此成为一种新型国际制度。

中国从顶层设计上进行相关政策调整并开创“一带一路”国际合作高峰论坛，成为涵盖沿线多数国家的协商平台，构建了一种协同型的制度复杂性局面。国家发改委等相关部门于2015年成立“一带一路”生态环境保护领导小组，先后颁布《关于推进绿色“一带一路”建设的指导意见》《“一带一路”生态环境保护合作规划》等文件。2017年4月26日，中国环境保护部、外交部、国家发改委、商务部联合发布了《关于推进绿色“一带一路”建设的指导意见》，在“一带一路”建设中推动绿色发展，共同建设绿色丝绸之路③。特别是在两届“一带一路”国际合作高峰论坛上，中国同各方推进共建“一带一路”可持续城市联盟、绿色发展国际联盟，启动共建“一带一路”生态环保大数据服务平台，实施“一带一路”应对气候变化南南合作计划等，政策调整步伐和贯彻实施幅度空前。

国际社会比较有代表性的绿色发展制度规则包括《巴黎协定》规定的

---

① Satoshi Nakano, “Greeningor Greenwashing the Beltand Road Initiative”, Centerfor Strategic & International Studies, 2019, http://www.csis.org/greening - or - greenwashing - belt - and - road - initiative.

② Richard Hardiman, “Environmental Considerations of the Beltand Road Initiative”, in Francisco José B. S. Leandroand Paulo Afonso B. Duarteeds., The Beltand Road Initiative: An Old Development Modelofa New Development Model, Singapore: Palgrave Macmillan, 2020, p. 179.

③ 环境保护部，外交部，国家发展和改革委员会，商务部．关于推进绿色“一带一路”建设的指导意见［N］．中国环境报，2017-5-9（03）．

国家自主贡献减排规则、世行《环境与社会保障政策框架》、欧盟《欧洲绿色协议》相关规则等。绿色发展是包容性发展的新类型和新载体，而包容性发展的国际制度涉及联合国可持续发展议程和《联合国全球契约》、以《消除就业和职业歧视公约》为代表的国际劳工组织系列公约、经合组织《跨国企业准则》、亚洲开发银行最大化实现用工本地化以及 CPTPP 劳工保护规则等。在此复杂性背景下，共建“一带一路”起初以执行东道国的环境标准为主，兼顾联合国制定的相关国际规则，特别是具有法律约束力的《巴黎协定》。中国已经推出绿色信贷指标体系，但尚无针对性和实操性的环境风险管理规则，且监测机制和执行机制缺乏。

为此，中国依托“一带一路”国际合作高峰论坛，实现绿色发展的国际制度对接。随着全球绿色发展形成了一系列新的国际制度和规则，全球碳排放和环境容量的约束性持续加强，全球绿色发展的竞合趋势日益明显，绿色发展已成为各国发展的普遍共识和利益契合点。“一带一路”绿色发展国际联盟由中国生态环境部于 2019 年 4 月 25 日在第二届“一带一路”国际合作高峰论坛绿色之路分论坛上发起成立，推动绿色发展理念融入“一带一路”建设。截至 2020 年 11 月，已有来自 43 个国家的近 200 家合作伙伴加入，其中包括 26 个共建国家环境部门的“一带一路”绿色投资原则合作方。该平台通过交流思想、政策和实践，帮助引导基础设施投资朝着更具环境可持续性的方向发展，使“共建国家能够在评估基础设施项目的社会和环境影响方面尽职尽责”。“一带一路”绿色发展国际联盟已发布《“一带一路”绿色发展报告》《“一带一路”绿色发展案例研究报告》，开展绿色投融资和促进可持续发展。

此外，中国通过联合国环境规划署、联合国可持续发展委员会、联合国开发计划署、二十国集团等制度平台传播绿色“一带一路”理念，形成清晰的绿色治理原则。2016 年 12 月，中国与联合国环境规划署签订了《关于建设绿色“一带一路”的谅解备忘录》，组建绿色“一带一路”国际研究小组，启动“一带一路”与区域绿色发展联合研究。2017 年 9 月 11 日，中国在南南合作援助基金项下向联合国环境规划署提供 200 万美元，用于在“一带一路”沿线国家探讨实施环保、防治荒漠化等项目。2017年12月，中国与联合国环境规划署缔结合作框架协议，共同发布《可持续发展多重途径》《绿水青山就是金山银山：中国生态文明战略与行动》等报告。2019年4月25日，中国国家发改委与联合国相关机构发起《“一带一路”绿色高效制冷行动倡议》《“一带一路”绿色照明行动倡议》等，并启动生态环保大数据服务平台。同时，在亚投行、丝路基金和金砖银行等框架下加大对绿色发展的协同赋能作用。随着中国从高碳增长转向绿色发展、由粗放型发展转向精细化发展的深度政策调整，“一带一路”制度对接进程中的绿色发展已成为各类制度的基本治理原则。总体来说，在绿色低政治领域，中国在国际发展领域大幅度的政策调整与现有国际制度形成了协同型的制度复杂性局面。

（二）普惠金融制度

投资对实现可持续发展至关重要。“一带一路”沿线的许多参与方需要释放投资瓶颈，以防止“资源诅咒”的发生，且“一带一路”需在参与的国家之间进行协调。普惠金融作为新型债务融资机制，是提供资金的重要工具。普惠金融由联合国于2005年在宣传“小额信贷年”时率先提出，目的是解决中小企业的融资壁垒，即“麦克米伦缺口”。普惠金融提出至今仅有10多年时间，能够为各国各阶层提供平等的融资机会，同时，金融机构在提供金融服务时坚持成本—收益的可持续原则。在国际债务融资领域，中国是后来者，国际债务融资已经成为“一带一路”中的新兴领域，新成立的亚投行、丝路基金等主要是借鉴了国际通行的普惠融资规则，推动金融普惠、公平、透明和共享，小幅度的政策调整与现有的国际普惠金融形成了合作型的制度复杂性局面。基建、民生等项目投入大，回收周期长，需要在尊重“一带一路”沿线低收入国家国情和发展需求的基础上，解决债务可持续性问题。鉴于中国在相关债务管理上经验不足，确有必要借鉴现有的国际普惠金融制度。

国际债务金融规则主要集中在世界银行、亚洲开发银行、欧洲复兴开发银行、经合组织等机构中，中国主要是参考借鉴了上述融资制度。尤其是，大胆借鉴世行的附加政策改革条款、债务可持续分析框架和经合组织的官方发展援助。中国在第二届“一带一路”国际合作高峰论坛资金融通分论坛期间发布《“一带一路”债务可持续性分析框架》，在借鉴国际货币基金组织和世界银行低收入国家债务可持续性分析框架的基础上，结合“一带一路”国家的实际情况制定债务可持续性分析工具，鼓励中国和共建国家的金融机构在自愿基础上使用，有助于提高“一带一路”参与各方投融资决策的科学性，加强有关国家的债务管理能力。中国与亚投行等8家多边开发机构共同设立多边开发融资合作中心，同时，中国倡导建立“一带一路”银行间常态化合作机制，助力“一带一路”的资金融通。

资金融通是“一带一路”建设的重要支撑，普惠金融是“一带一路”推动构建沿线命运共同体的内在诉求。“一带一路”融资制度中的普惠金融债务融资制度和操作方式主要是对国际通行融资制度的借鉴，并执行相应的环境等标准。比如，“一带一路”涉世行贷款项目，需执行其《环境与社会框架》中的《环境、健康与安全指南》；涉亚洲开发银行贷款项目，需执行其2003年修订的《环境评价导则》；涉欧盟项目，需执行《欧洲能源宪章》和《绿色采购手册》；涉经合组织成员项目，需参照执行《跨国企业准则》中关于环境管理制度等方面规定。2017年5月，“一带一路”国际合作高峰论坛高级别会议核准了《“一带一路”融资指导原则》，多元、包容、可持续的“一带一路”融资体系初步建立，以推动建设长期、稳定、可持续、风险可控的多元化融资体系，在促进沿线地区国别发展战略及投资计划对接的基础上，鼓励多边开发银行和各国开发性金融机构在职责范围内通过普惠金融在内的各种融资渠道，积极参与“一带一路”建设。与此同时，财政部与世界银行等6家多边开发银行签署了《关于加强在“一带一路”倡议下相关领域合作的谅解备忘录》，以构建稳定、多元、可持续的融资机制。作为其中的一项重要原则，普惠金融能够降低沿线国家的金融成本，促进对于贫困人口和弱势群体的社会包容性，也有助于扶持本国中小企业走出去。

“一带一路”与现有普惠金融制度的治理目标相似，制度对接的总体目标是消除贫困，实现债务可持续性、环境可持续性和社会发展可持续性，这也是对接能够形成合作型制度复杂性局面的主要原因。这一制度合作局面可以有力驳斥西方国家所谓的“一带一路”“债务危机论”和“债务陷阱论”。一些西方国家不仅拒绝加入“一带一路”国际合作，还指责“一带一路”债务“政治化”，让一些国家陷入高负债和低增长之间的恶性循环状态。实际上，“一带一路”倡议对沿线国家，特别是沿线政局动荡国家的债务风险的抑制作用突出，有助于拉动沿线国家的经济增长。中国对于普惠金融等国际通行融资规则的借鉴与运用是回击西方指责的重要凭证，沿线地区也能通过普惠金融领域制度合作，将金融资源真正用在人民身上，实现共同发展。

（三）联合国层面的制度

在政治、安全等传统高政治领域，中国对联合国的参与采取了大幅度的任务区分政策，“一带一路”与联合国现有制度形成了合作型的制度复杂性局面。联合国在“一带一路”建设中可以发挥舆论支持和务实参与的重要作用，不过，联合国内部机构众多，“一带一路”与联合国机构对接需要根据参与度的不同进行任务区分。参与“一带一路”建设的联合国机构主要有秘书处、大会和经济及社会理事会，秘书处通过政治呼吁、表决倡议等方式在推动“一带一路”的政治合作方面发挥了重要作用。联合国全球契约组织（UNGC）已成为联合国先行主动开展“一带一路”政治合作的平台，该机构于2020年6月发起“可持续基础设施建设助力‘一带一路’，加速实现联合国可持续发展目标”行动平台，这是由联合国机构发起的首个以企业为主体的、在“一带一路”框架下协调企业投资运营与实现联合国可持续发展目标相统一的合作制度。当前，将联合国全球契约组织十项基本原则纳入“一带一路”建设，可加快实现可持续发展目标。

此外，“海陆丝绸之路城市联盟”是“一带一路”建设的有效载体，由联合国南南合作办公室、联合国开发计划署、联合国工业发展组织、联合国教科文组织、世界旅游组织以及中国国际经济技术交流中心共同支持设立，也是联合国与“一带一路”倡议开展的重要对接项目。在第二届

“一带一路”国际合作高峰论坛上，中国与联合国开发计划署、联合国工业发展组织、联合国亚太经社会共同发起了“一带一路”绿色照明行动倡议，助力联合国2030年可持续发展目标的实现。此外，联合国开发计划署与中国国际经济交流中心定期主办“全球治理高层论坛”，聚焦如何将可持续发展要素纳入“一带一路”的融资和投资环境等关键议题，至今已成功举办三届，成为政策沟通协调的有效机制。2021年4月26日，双方还共同发布了《为全球和“一带一路”沿线低碳发展铺平道路》研究报告，寻找推进全球和“一带一路”沿线低碳发展的可行路径。

不过，“一带一路”与联合国内部机构的对接主要围绕实现可持续发展目标展开，中国与“一带一路”沿线国家的制度化合作实质上就是联合国可持续发展目标中特别强调的可持续发展的伙伴关系合作。而在禁毒、反腐、维和等其他议题领域，受限于“一带一路”的发展阶段和目标定位，“一带一路”制度对接仍然停留在政治声明、立场阐释等较为初级的阶段。比如，联合国维也纳办事处下属的外层空间事务办公室、秘书处下属的毒品和犯罪问题办公室均与中国签署了相关的合作意向和备忘录，但实质性或标志性成果仍然有限，有待进一步推动高水平的制度对接。今后，无论是“一带一路”的建设工作还是联合国的相关工作，都不应偏离乃至脱离自身的组织目标而使自身议程单纯服务或被绑架于对方的组织议程，而是要以对接与耦合为基础，注重发挥双方相关倡议之间的协同效应和增效作用。

（四）基建制度

“基础设施竞赛”已经成为大国较量的重要领域。围绕着基础设施建设，“一带一路”与西方国家的制度较量和规则博弈已呈加速竞争态势。“一带一路”建设的核心内容是促进基础设施建设和互联互通，对接各国政策和发展战略。基础设施建设是大国施展领导力和影响力的重要平台，是塑造地缘政治经济格局的有力工具。当前，基础设施建设已经发展为以铁路、公路、航空、管道和空间综合信息网络等为核心的全方位、多层次、复合型基础设施网络，由于各大国纷纷把铁路、公路、桥梁等领域作为基础设施建设的重点，基建方面的国际制度功能相对单一，因此，“一带一路”在开展基础设施建设时无法通过有效的任务区分实现与现有西方国际基建制度的合作。鉴于基建的基本属性，基础设施领域形成了一种竞争型的制度复杂性局面。日本率先在基础设施领域与中国开展制度竞争，2015 年 5 月，日本提出了主要针对亚洲的对外基础设施输出新战略“高质量基础设施合作伙伴关系”，对正在推进中的“一带一路”产生竞争关系，暗藏争夺亚洲基础设施建设主导权之目的。2019 年，日欧签署了可持续互联互通伙伴关系协议，推动基于规则和可持续原则的基建，试图通过质量优势对冲“一带一路”的影响力。印度则紧随美国的“印太战略”，通过“东向政策”和多个双边协议积极投身印度洋和东南亚地区的基础设施建设。

近年来，美国加大了在基建领域与中国开展制度竞争的力度。美国于 2018 年通过了“建造法案”（BUILDAct），成立国际发展金融公司，提供 800 亿美元用于贷款、政治风险担保，以推动非洲地区的现代化。该法案实质上体现出美国遏制中国对非影响力，制衡中国对非经贸合作的战略诉求。同时，美国打造俱乐部式同盟，试图对抗“一带一路”建设。2018 年 7 月，美日澳宣布建立“印太”基础设施投资伙伴关系，同年 11 月，三方签署备忘录，在“印太”实施“有原则的、可持续的基础设施投资”。2021 年 3 月，拜登在与英国首相约翰逊通电话时声称，应建立一个由“民主国家”牵头的基础设施建设计划，与“一带一路”倡议相抗衡。2021 年 6 月 13 日，七国集团发布“重建更好世界”计划，即“清洁绿色倡议”，提供所谓“价值驱动、高标准、透明的”伙伴关系，逐步改变对基础设施的投资方式，以透明、财政、环境和社会可持续的方式进行基础设施的开发、实施和维护。尽管“清洁绿色”轮廓尚未确定，但基建领域的制度竞争意味凸显，“清洁绿色”项目将为欧美跨国能源公司提供扩大在发展中国家市场份额的重要机会。目前，“一带一路”与西方基建制度竞争的核心地区是亚洲和“印太”地区。美国、日本、欧盟等行为体试图以基建为工具，扩大在相关地区的话语权和影响力。但是，西方的基建制度突出西式民主、人权以及环境等方面的标准，违背了区域经济发展的包容性，负面效应明显。与此相反，“一带一路”基建坚持可持续、环保、绿色等原则，把对象国的诉求放在首位，最大限度地排除意识形态的影响。

基建领域国际制度复杂性的低任务区分模糊了行动和结果的责任界限，增加了发生制度冲突的可能性，不同国家基于自身的基建诉求可能选边站队。由于当前中美两国在基建、投资等领域的国际制度竞争加剧，全球基建治理安排的整体有效性可能会降低。对于深嵌制度复杂性之中的中美两国而言，需要审慎分析基建制度互动的内在机制和实施进程中对象国的合理诉求，发挥各自优势，关注推动制度合力的实现途径，通过减少制度复杂性中的碎片化提高基建领域的治理效率。美日等国应当承担自身责任，采取务实态度，在基建领域坚持客观的规划、设计和施工规则标准，与“一带一路”通力合作，良性竞争。

总体上，“一带一路”国际制度对接呈现开放性而非封闭性、行动者多元性而非同质性、制度分散化而非集中化等特征。“一带一路”对接现有国际制度反映出国际社会坚持“以规则支配”的基本治理愿望，通过提供多边制度，明确国家间的基本行为规则和权利义务。

第三章　正法直度：产权保护制度

第一节　归属清晰：产权保护制度内涵与特点

一、产权概念

“产权”通常是指财产权利，其内涵是以所有权为核心的合法财产的所有权，这种所有权表现为对财产的占有、使用、收益、处分。不同领域内学者对产权内涵的解释存在差异，法学领域内将产权解释为权利束，是由一系列确定权利人与他人之间关系的资格组成，组成内容会受到各种因素的影响，进而产生不同程度的差异①。目前，诸多学者比较认同的产权概念为“产权是由于一种物品的存在而引起人与人之间的交易行为和关系”，本质上是经济所有制关系的法律表现形式。

（一）西方学者对产权内涵的界定

产权理论最初起源于西方经济学，主要针对社会组织中的财产权利加以界定，主张将产权与经济资源配置相结合，研究产权相关理论的发展。科斯作为现代西方产权理论的主要代表，对产权理论的发展奠定了重要基础。基于西方资本主义市场的基本条件下，将产权定义为用于自由交易的所有权，其中产权安排与市场中的交易行为、交易费用及资源配置都有着密切的内在联系。大部分西方学者基于科斯的基本理论，将产权定义为一

---

① 石佳友．国家治理现代化进程中的产权保护［J/OL］．比较法研究：1－18［2022－11－18］．

种私有权利，并认为人们对自己的私有产权具有强烈的保护欲望，产权的产生有效解决了产权主体间资源界定、行使与维护等问题。目前，西方学者对产权的界定呈现出了多样化的趋势。

第一，将产权定义为所有权的权利束，其主要是指与财产有关的使用权、转让权等普遍性权利。S. Pejovich 则是从人与物的关系出发，认为物品存在并拥有被使用的价值才引起人们的注意，形成一组经济和社会关系；有西方学者基于罗马法思想的基础上，认为所有权包含自身资产使用权在内的收益权、处置权以及交易权等权利。

第二，将产权定义为物权，也就是人能够拥有物品的权利，两者都属于私权。目前，仍有许多学者不接受将产权定义为物权的解释，普遍接受的观点则是"物权是指权利主体能够直接拥有、支配和使用的物品，而权利主体在拥有物品的所有权时就将其他主体的权利排除在外，具有一定的排他性"。

第三，将产权定义为人与人之间形成的一种社会关系。此类观点将产权的定义从人与物间的权利扩充到人与人间的关系，囊括了社会中的各类关系①。这种观点并没有将产权和物权结合起来分析，而是将两者区分开来，并将产权拓展到人权领域，拓宽了产权的研究视野和领域。

第四，从产权功能和作用的角度进行界定。Cheung 学者对私有产权进行研究时，认为私有产权包括私有使用权、私有收入享受权和自由转让权，并主张对产权功能进行具体的概述②。

（二）我国学者对产权的定义

20 世纪 80 年代，西方产权理论逐渐传入我国，许多学者针对产权理论进行了多层次、多维度的研究，对产权概念的界定形成了不同的理论观点。

刘诗白教授将产权的界定归纳为四个方面，一是产权所有主体对物质的归属性质，具有排他性；二是产权所有主体拥有对其私有物的使用和处置权的总和；三是产权为最高主体与法定主体的所有权结构；四是权利主

① Eirik G. Furubotn, Rudolf Richter. Institutions and Economic Theory: The Contribution of the New Institutional Economics [M]. University of Michigan Press: 2010-01-01.

② 张五常．新制度经济学的现状及其发展趋势 [J]. 当代财经，2008 (07): 5-9.

体为减少运营成本而进行所有权、利得权和处置权方面的设置①。常修泽教师则将要素市场化配置与产权概念结合起来，使得这一名词的外延更加宽泛②。也有学者将产权定义为资产和商品的所有权、占有权、处置权和转让权等权利③。丁建中先生则将“产权”则从产权的状态角度论述“静态产权”与“动态产权”的特征，完善了产权概念的界定边限。

我国学者从产权和所有权的角度对产权概念进行界定，可划分为以下两种观点。第一，认为产权等同于所有权。此观点的核心是认为产权与所有权在法理意义以及生活中对产权的朴素认知，集中表达权利主体对其私有财产的拥有权利，该权利在法理的角度应该得到绝对的保护。第二，区别产权范畴和所有权范畴。有学者认为产权是一个包容性的概念，所有权是产权的一部分，随着科技的发展，人类的认知不断扩展，虚拟世界的产权概念界定就属于该层次的解释，其表现得更为具体、丰富和负责；也有学者认为产权单纯地属于所有权范围内，且有部分所有权是产权不可界定的存在，需要产权与所有权的范畴需根据实际情况加以区分。

上述中西方学者对产权概念的界定有着不同的观点，可以从广义和狭义两个层面去理解。从广义的层面分析产权，就是所有权与支配权的合集；从狭义层面上来说，产权只是所有权的另一提法。“所有权”也包括实质所有权和形式所有权，主要针对权利主体是否实质拥有归属权加以划分，从不同角度进行分析使产权概念的界定更加清晰。

二、产权特点

在整个市场经济体系中，产权的属性主要表现为以下三点基本特征（见图3-1）。

---

① 刘诗白．社会主义产权理论研究［M］．成都：四川人民出版社：刘诗白选集，2018（09）：314.

② 常修泽，何亚斌．要素市场化配置与产权市场命运——产权“生产要素生命论”探讨［J］．产权导刊，2020.

③ 周雪光．“关系产权”：产权制度的一个社会学解释［J］．社会学研究，2005（02）：1－31，243.

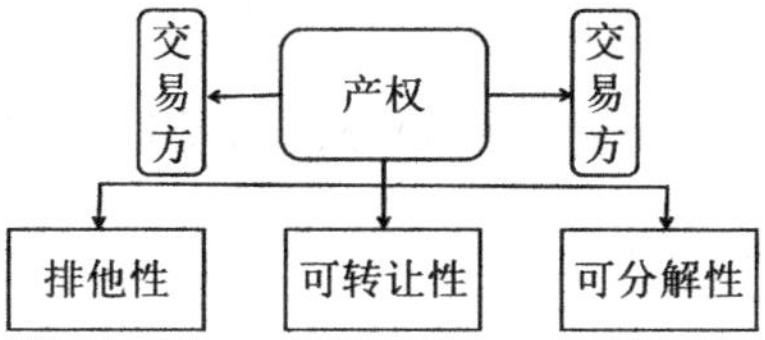

图 3-1　产权主要特点

(一) 排他性

排他性，即“产权流动的独立性”。产权本质在一定程度上表示权利主体对物品、资产等财产的私有权利，对于他人来说就表现出排他性的特征。如果一个人的财产得到明确的界定，就不能将同样的权利赋予其他主体，即只有财产所有人才能拥有的产权，将他人使用该财产的权利排除在外，形成在法理意义上的绝对性，权利主体一旦确定，法律就有权将权利主体对产权保护起来的义务，自由地运用和支配产权来谋求自身利益的最大化①。排他性是产权最基本的特征，是有效配置经济资源的前提条件，需要国家制度和法律规定予以承认和保护，进而保护权利主体的合法权益。

(二) 可转让性

可转让性，一般情况下是指一项物品或者财产的最终归属是不确定的。产权中的权利主体可以通过交易行为来变更财产的所有权和使用权，产权就可以在市场中进行流转，在一定程度上可以定义为产权权利的让渡。产权让渡主要有两种形式：一是产权全部权利且永久性让渡；二是产权的部分权利在一定时期内的转让。产权正是通过权利的转让来实现资源配置的最优化。

(三) 可分解性

可分解性，即“产权具有可分离性”，学者将产权定义为由与财产有关的占有权、使用权、转让权、用尽权等权利组成，每一个部分是可以拆

---

① 胡华田．关于我国国有经济产权制度变迁中劳动者经济权利的研究［D］．江西师范大学，2006.

分的，同时使产权交易具有可操作性，增加了资源配置的灵活性和效率。产权的可分解性并不是进行随意的划分，而是根据权利主体的形态进行权能的分解，使产权关系的性质发生了变化。

三、产权构成

产权的构成可以从不同角度进行分析，与产权发展形态、权利主体、产权形态、流动方向等因素密切相关。

按照产权结构的不同，一般划分为一元化产权结构和多元化产权结构。一元化的产权结构主要是指权利主体只有一个，物品或资产的所有权只归属于一人；多元化的产权结构则是指多位权利主体对某一物品进行投资，所有权未能高度集中于一个权利主体，对物品的使用、处置或转让需要达成一致的意见。

根据产权历史发展形态的不同，划分为物权、债权和股权。物权主要是指权利人能够直接享受利益的权利，排除了其他权利人的所有权、使用权等权利；债权的表现形式一般为财产，债权人有权要求债务人履行偿还债务的权利，是独立于物权以外的权利类型；而股权则属于物权的范畴内，主要由多位股东共同行使权利，排除了股东以外的权利人，具有一定的排他性。

根据产权归属和主体的不同，可划分为原始产权、政府产权、法人产权和私有产权。原始产权的权利主体是受到法律承认和保护的经济利益主体，可以在法律范围内追求经济利益最大化，并享有财产的占用、使用、处置等权利；政府产权则是指产权所有者为政府，也能够处置所拥有的产权；法人产权的主体则是企业法人，对于其经营的资产享有对应的使用、收益等权利；私有产权的主体是个人，即个人对某一物品或资产享有独立的权利，不受任何主体的干扰，使各种权利完全掌握在个人手里。

按照产权客体流动方式的不同，可划分为固定资产产权和流动资产产权。产权客体有多样的表现形式，包括了财产、资产、资本等，其中固定资产主要是指权利主体拥有的资产工具，收益周期比较长；而流动资产则是指权利人拥有的资产在一定时期内能够随时通过各种手段变现，提供一定的资金支持。

按照客体形态的不同，划分为有形资产产权和无形资产产权。两者的不同在于物品的存在形态，有形资产产权是权利人对实物形态物品所拥有的所有权、使用权和处置权等；而无形资产产权针对的是信息、知识等无实物形态的客体，此时权利人对无形资产具备所有权等。

按照产权表现形态的不同，可划分为所有权、占有权和处置权。所有权是指所有人对自己的财产具有使用、收益和处分权利；占有权是指权利人对某一物品具有实际的管理和控制权，并受到法律的保护，具有一定的排他性；处置权是指权利人拥有对物品的处理权利，可以通过收益或转让来实现自身利益的最大化。

四、产权功能

产权制度是经济制度的核心，对各种经济行为、经济组织活动、经济运行活动发挥着重要作用。产权制度作为现代所有制的表现形式之一，在经济活动中独自或是同其他形式的权利一同发挥着重要作用，具有多方面的重要功能。

（一）产权的激励功能

马克思将产权界定为一种“人与人之间的关系”，即社会利益关系的构成结构。产权以“所有权”为核心，重视产权主体所拥有的权利边界。产权制度的激励功能主要体现在：产权主体明确利益和责任边界的划分，使产权制度能够在合法的范围内行使权利，激发拥有不同产权的主体交换利益，以谋求自身利益最大化，并不断通过“交换”将产权利益内化为再生产的动力因素。

产权具有“排他性”的特征，也就是产权主体拥有对某一物品或资产的所有权，表明无法将同样的权利赋予其他主体，此时产权的激励准确作用在产权主体，将外有压力转变为内生动力。市场经济活动过程中，商品的交易行为带来了产权主体的变化和所有权的变更，本质上来说就是利益的交换和分配。行为主体的产权利益能够得到法律的明晰且明确的承认和保护，那么就可以保证产权主体的内生动力，产权的激励机制通过利益机制得以实现；若是产权不明晰，权利主体就会失去动力，激励机制失效，因此，产权的激励作用通过产权的明晰得以实现，产权越明晰，产权制度的激励作用就越高；反之产权越模糊激励作用也就越弱。

（二）产权的约束功能

产权的约束作用是一种反向的激励作用，发挥着对产权主体行为的约束力。产权约束功能有两种含义：一是产权的“排他性”对其他主体的“搭便车”行为起约束作用，从而降低产权交易产生的次生问题；二是明晰产权主体责任产生的约束作用。行为主体的产权在界定时明确了产权主体的切身利益，在法律层面上给予承认和保护，也明确了产权主体的责任，使产权主体明确自己能够做什么，不能够做什么。明确主体的权利和责任的边界后，将产权主体的外在责任内在化，产权主体须时刻注意自己的经济行为，一旦跨越法律所规定的产权边界后，权利主体的行为会受到规则的约束和规范，伴生的后果也需要产权主体自行承担，进而对产权主体起到良好的约束作用。

外部监管对于产权主体来讲也是重要的约束功能之一，首先是外部产权监管产生于产权主体在意识到产权所有权的保护而自发建立的一系列监督管理举措；其次是市场自由竞争对产权主体的约束作用，产权也在一定程度上遵循价值规律，产权获利是被“无形的手”控制的，不能产生无限收益，因此产权主体能在规定的或是在市场中自发规定的限度内行使权利并获得相应的利益。通过外部监督的渠道加强对产权主体的内部约束作用，使产权主体遵守法律规定和产权规则。

（三）产权的资源配置功能

产权的“可转让性”特征使资源可以根据权利主体需求的变化在全社会范围内自由地流动，产权变化引起了经济活动主体行为的变动，其利用自己合法的权利来实现经济利益的最大化，进而调节或影响社会中资源配置状况。因此，对产权的合理安排暗含着资源在市场中能够被有效配置的前提条件之一。

产权制度所具备的资源配置功能有以下两层含义：一是产权的界定。市场交易活动中对于产权的界定应清晰和明确，产权的归属一旦模糊不清，则会影响交易活动的正常运行，也影响着资源配置的效果。二是产权可作为交易行为的主要对象，通过产权的变动来有效实现资源配置的优化。产权制度对资源配置的影响也表现在资源使用状况、方向及效果等方面，甚至决定资源配置的调节机制。

（四）产权的协调功能

从本质上来说，产权制度是各权利主体间存在的一种利益关系，权利的“让渡”使不同的权利主体对某一商品或资产拥有所有权，进而支配权利主体的经济行为，不断追求经济利益的最大化。“逐利”过程中权利主体会因为产权的所有权问题而产生利益冲突，使得市场经济条件下的产权关系更加复杂和难以解决，因此需要对产权主体、权利的所有权进行界定、划定归属范围，使权利主体能够在法律范围内行使自己的产权，保护产权主体的合法利益不被侵犯。

对产权主体的权利和行为加以规范，明确产权的关系，推动市场中形成合理规范的交易规则和交易市场，协调权利主体之间形成良好的社会关系，推动社会秩序的规范运行。

第二节　权责明确：完善各种所有制经济产权的制度体系

党的十九届四中全会审议通过《中共中央关于坚持和完善中国特色社会主义制度推进国家治理体系和治理能力现代化若干重大问题的决定》（以下简称《决定》），全面回答了我国国家制度和国家治理体系“坚持和巩固什么、完善和发展什么”这个重大政治问题，对社会主义基本经济制度内涵做出了重要发展和深化，为新时代中国特色国有经济制度体系的建设与创新，提供了方向指引和根本遵循①。

改革开放40多年来，我国经济制度主要涉及三个方面：一是以公有制为主体、多种所有制经济共同发展的基本经济制度；二是以按劳分配为主体、多种分配方式并存的分配制度；三是中国特色社会主义市场经济体制。这三项经济制度，结合我国新的实践和发展需要，是对我国经济制度的完善和发展，是党和人民的伟大创造。

一、国有经济产权制度体系

广义的国有经济制度体系，是指在集成狭义国有经济、国有企业、国有资本、国有资产监管相关政策手段和工具的基础上，形成一整套符合中国特色社会主义制度体系的根本制度，同时与市场经济体系相融合的制度体系框架②。国有企业是国有经济的重要组成部分，国有经济还包括一些混合所有制中的国有成分。国有企业在国民经济中居于主导和控制地位，在我国，国有经济控制着国民经济的命脉，担负着关系国计民生的重要产品的生产和流通的重要任务。在国有经济产权制度体系中，国有企业发挥着主要作用。

图3-2 国有企业改革

党的十四大确立了建立社会主义市场经济体制，党的十四届三中全会决议指出建立“产权清晰、权责明确、政企分开、管理科学”的现代企业

---

①②杜天佳. 创建新时代国有经济制度体系［N］. 经济参考报，2020-01-06.

制度；党的十五大对国有经济布局进行战略性调整；党的十六大确立了建立现代企业产权制度，在这一阶段，我国的国有企业产权制度取得突破性进展。后来，随着国务院国资委的成立，充当着国家出资人的角色，开始在体制层面上解决一些国有产权问题。同时，2005 年《企业产权转让暂行方法》出台，使国有经济产权制度在法律上有了较大的支持，更加规范了国有企业产权改革。国有企业产权制度改革取得积极成效，需要不断完善和发展国有经济产权制度体系，健全归属清晰、权责明确、保护严格、流转顺畅的现代产权制度。

首先，要进一步明晰产权，实现国有企业自主经营和自负盈亏。进一步明确政府和企业的职责，维护国有企业各种形式的财产权，推进公共财政体制建立，真正实现政企、政资分开，加快建设社会主义市场经济体制。同时，加强国有企业产权关系的建立，实现国有企业产权关系的多元化，注重效益提升，调整国有经济布局和结构，培育新兴企业，增强核心竞争力，发展壮大国有企业。

其次，对国有经济产权进行战略性调整。可以通过国家宏观调控，运用经济手段，增强国有经济在关系国民经济命脉的重要行业和关键领域的地位，从而深化国有企业在国民经济的主导地位。同时，按照“有进有退”的原则，充分利用国有资产，对国有资产存量进行结构调整，引导一般竞争性国有企业通过各种方式退出市场。另外，国有企业在发展的过程中，通过国有资本调控政策，有效引导国有资本投资方向和领域，促进国有资产在社会范围内优化组合，促进其经济结构优化配置，提升国有资本的营运效率，提高国有企业的国际竞争力，实现国有经济在国民经济中的控制力、影响力。

最后，要健全国有企业产权制度改革的法律规范。改革开放以来，我国从计划经济到市场经济的转变，为我国的社会主义制度同市场经济体制的结合探索一条道路。当前，我们应积极推动国资监管的地方立法，进一步明确国资委的权利与职责，推进产权监管全覆盖，学习先进省份做法，规范全省国有产权管理工作体系，科学定位，建立以产权为纽带的出资人代表与出资企业监管关系，实现国资产权监管全覆盖。同时，也应该保障普通员工的合法权益，最大限度地保障职工的权益不受侵害，坚持以维护职工合法权利为出发点和落脚点，进一步提升国有企业管理水平，提升员工积极性。加强公司治理制度的法制化，明确界定公司各个部门职责，对法律中没有详细解释的问题进行有效的补充和规定。

当前，国有企业产权制度改革已经成为中国经济改革的关键，对国民经济的发展起到很大的推动作用。因此，我们只有不断深化产权制度改革，才能建立真正的市场主体，增强国家对国民经济的调控能力，有效地完善市场经济体制，对我们的经济运行起到健康推动作用。

二、集体经济产权制度体系

在我国，集体经济是公有制经济的重要组成部分。党中央、国务院高度重视产权制度特别是农村集体产权制度改革。习近平总书记指出，这是党中央推出的一项重要改革，对推动农村改革发展、完善农村治理、保障农民权益、探索形成农村集体经济新的实现形式和运行机制具有重要意义，要深化农村集体产权制度改革，发展农村集体经济，着力推进农村集体资产产权到户和股份合作制改革。李克强总理强调，要坚持和完善农村基本经营制度，深入推进农村集体产权制度改革，全面开展农村集体资产清产核资等工作，赋予农民更多财产权利。各地区、各有关部门认真贯彻落实党中央、国务院决策部署，按照农村改革“扩面、提速、集成”的总体要求，把握正确改革方向，抓牢关键环节，强化责任落实，推动改革取得了实质性进展①。

产权制度是社会主义市场经济的基石。完善社会主义市场经济体制，加快现代农业发展和新农村建设，必须健全农村产权制度、加强产权保护。推进农村集体产权制度改革，是健全中国特色社会主义农业经济体系

---

① 韩长赋．国务院关于农村产权制度改革情况的报告［R］．2020年4月26日，十三届全国人大常委会第十七次会议．

的必然要求。走中国特色社会主义农业现代化道路，必须坚持中国特色社会主义的农村集体所有制，这是中国特色社会主义农业经济体系的基本特征。推进农村集体产权制度改革，是增强农村集体经济发展活力的迫切需要。目前全国农村集体土地以外的各类账面资产数额庞大，但集体资产产权归属不清晰、保护不严格、流转不顺畅等问题越来越突出，严重制约了农村集体经济的发展壮大。推进农村集体产权制度改革，是维护农民合法权益、促进农民增收的有效途径。农村集体资产是农村集体经济组织成员的主要财产，是农业农村发展的重要物质基础，广大农民群众对此高度关注。推进农村集体产权制度改革，是提高农村治理能力的重要举措。农村集体所有制以及在此基础上产生的农村集体经济组织，与村民自治相互补充，共同构成我国农村治理的基本框架。集体经济是这个框架的重要经济基础。

图 3-3 农村集体产权制度改革

农村集体产权改革能否顺利开展和完成，直接关系到中国农业经济和中国农村的未来发展，对完善农村产权治理机制、保障农民合法权益具有重要的作用，是完善农村经营管理制度的有效途径。同时，这也是我国乡村振兴战略的必然需要，对提高农村农民收入、实现社会共同富裕、确保农村社会的和谐稳定具有重要意义。

农村集体产权制度改革是巩固社会主义公有制、完善农村基本经营制度的必然要求。为适应社会主义市场经济体制要求，不断推进农村集体产权制度改革，构建集体经济治理体系，充分调动农民积极性的同时，又体现集体优越性，对实现乡村振兴、增强集体经济活力、完善农村基本经营制度、引领农民实现共同富裕具有深远意义。农村集体产权制度改革是维护农民合法权益、增加农民财产性收入的重大举措。在建立健全集体公益设施统一管理的基础上，切实保障集体经营资产，盘活集体资产，着力推进股份制改革，切实维护农民合法权益，增加农民财产性收入，提高农民生活水平和生活质量，让广大农民共享改革发展成果，如期实现全面建成小康社会目标。

在脱贫攻坚和乡村振兴有效衔接的背景下，通过改革逐步形成具有中国特色的社会主义农村集体产权制度，切实保护和发展广大农民的合法权益，农村集体产权改革工作的顺利开展和稳步推进在乡村振兴方面发挥着重要作用。明晰集体所有产权关系，发展新型集体经济，管好用好集体资产，建立符合市场经济要求的集体经济运行新机制，促进集体资产保值增值，激活农村集体经济发展活力，实现农民经济权益，最终实现共同富裕。

图 3-4　集体经济产权制度改革

农村集体经济发展多是依靠集体或政府单一主体，可以通过与企业及其他组织共同合作，建立联合发展责任机制，多元化发展集体经济主体。另外，大多数集体经济发展面临的瓶颈是资金不足，可以借助社会资本和市场化力量促进集体经济发展，利用集体积累资金，实现乡村振兴。要使农民和农村有机联系起来，创新农业产业链组织形式，保障村民基本利益，确保农民积极参与能够有效促进集体经济发展。同时，发挥农村集体经济组织功能作用，在基层党组织领导下，明确农村集体经济组织与村民委员会的职能关系，有效承担集体经济经营管理事务和村民自治事务。妥善处理好村党组织、村民委员会和农村集体经济组织的关系。充分发挥经济组织作用，广泛征集村民意愿，使村民做好自己的“主人”，扩宽表达渠道，提升村民各项活动的参与度，确保公平、有效实施。

三、混合所有制经济产权制度体系

混合所有制经济是“混合经济”的产权基础；是协调社会多种利益关系，并使之“和谐统一”的产权组织形式；是推动国企改革的有效财产组织形式，其中孕育着新的公有制组织形态。所谓“混合所有制经济”，是指在社会经济形态中，不同的产权主体多元投资、互相渗透、互相贯通、互相融合而形成的新的产权配置结构和经济形式。它是针对传统所有制结构的弊端和转轨中存在的问题、适应建立完善的社会主义市场经济体制而提出来的。

图 3-5　混合所有制经济产权制度改革

产权制度在定义上是一种对市场所有制度具有决策性作用的制度，可以说现有的所有市场经济制度都是以产权制度为基础来进行建设的，相应混合所有制经济作为现代产权制度的组成部分，要实现混合所有制经济发展，就应当根据产权制度来进行分析，由此得出一个具有中国特色的产权制度。这一条件下，当混合所有制经济得到发展，我国市场的资源分配、交易成本、资源利用率等都将大幅提升，可见发展混合所有制经济的重要性，对此进行研究具有重大的现实意义①。

混合所有制经济发展历程：党的十四大为混合所有制经济发展奠定基础，首次明确提出了建设社会主义市场经济体制的经济体制改革总目标，混合所有制经济雏形已经显现；党的十五大初步界定混合所有制经济的内涵，首次提出了“混合所有制经济”概念，确立了多种所有制经济共同发展思想，对判断混合所有制经济的性质定义作出基本阐释；党的十六届三中全会推进混合所有制经济改革稳步发展，提出积极推行股份制，发展混合所有制经济，混合所有制经济发展进入了一个新阶段；党的十七大再次强调以现代产权制度为基础发展混合所有制经济，表明混合所有制经济不断在理论和实践中取得长足进步；党的十八届三中全会后，混合所有制经济进入快速发展期，提出坚定不移深化国有企业改革，着力创新体制机制，加快建立现代企业制度，使发展混合所有制经济进入快速发展时期，促进了新生的混合所有制企业持续健康发展，加快完善企业制度机制，激发企业活力。

混合所有制经济发展对公有制经济资本、企业而言都有巨大影响，加强公有制经济活跃性与控制力，充分激活公有制资产。混合所有制经济本质上具有界定政府、企业界线，使政企分开，促进国有企业改革。现阶段，混合所有制经济实践已取得了一些成效，国有资产布局结构进行了优化调整，企业质量管理水平有了一定的提升，加强质量与科学管理，促进了不同所有制经济的合作与发展，为各种所有制经济发展提供了广阔平台，充分调动企业积极性。

四、非公有制经济产权制度体系

非公有制经济主要包括个体经济、私营经济、外资经济等。改革开放以来形成了以公有制为主体、多种所有制经济共同发展的基本经济制度。

---

① 陈泽荣，刘敏娴．基于现代产权制度的混合所有制经济发展［J］．中国集体经济，2020（23）23－24.

非公有制经济是我国社会主义市场经济的重要组成部分，非公有制经济已成为我国国民经济中一支不可缺少的力量。

图 3-6 非公有制经济产权制度体系

习近平同志指出，要"健全以公平为核心原则的产权保护制度，加强对各种所有制经济组织和自然人财产权的保护"①。可见，公平是产权保护的核心。保护非公有制经济产权首先要对公有制经济与非公有制经济平等看待。必须毫不动摇巩固和发展公有制经济，毫不动摇鼓励、支持、引导非公有制经济发展，公有制经济财产权不可侵犯，非公有制经济财产权同样不可侵犯。完善物权、知识产权相关法律制度，平等保护和规范财产关系，健全以企业组织形式和出资人承担责任方式为主的市场主体法律制度。通过清理和废止歧视规定，为平等保护消除制度性障碍，营造平等保护的法治环境。保证各种所有制经济依法平等使用生产要素，公开公正公平参与市场竞争，同等受到法律保护，共同履行社会责任。

诚实守信是社会主义核心价值观之一，保护非公有制经济产权离不开诚信，完善政府信用机制。承认合同效力并认真履行合同，不仅是公民、法人的义务，更是政府的义务。依法治国是我国基本国策，我国是社会主义法治国家，合同是当事人之间的法律，具有法律上的约束力，不能否认

① 中共中央关于全面推进依法治国若干重大问题的决定，2014 年 10 月 23 日十八届四中全会审议通过。

合同的有效力和执行力。要求地方各级政府及有关部门严格兑现承诺，并认真履行合同。凡是没有违反法律、行政法规强制性规定的合同都是有效的，都有执行力，不能毁约。因法定事由需变更合同的，按法定程序进行，如协商、仲裁、诉讼程序。由政府单方面毁约的，政府必须承担责任，同时，对当事人作出一定的补偿。政府及其部门要敢于担当、勇于面对，积极解决好补偿事宜，不回避责任。

严格遵循法不溯及既往、罪刑法定、从旧兼从轻等原则，以发展的眼光客观看待和妥善处理非公有制经济中的不规范问题。看待企业发展不规范问题应结合当时特定社会背景及条件，考虑法律效果和社会效果的有机统一，依法妥善处理，对稳定社会、促进非公有制经济发展预期意义重大。通过规范司法行为，使司法成为产权保护的有力保障。进一步细化法律处理规则，不能泛泛而谈，严肃问题，由执法和司法机关通过其制度规定细化规则，事项裁量基准制度，有效防止滥用强制手段。强制措施是一把“双刃剑”，既能控制当事人及其财产，也能损害当事人利益，因此，依法慎重决定是否采取相关强制措施。

非公有制经济要实现持续健康发展，要改善非公有制经济的环境，为其发展创造更好的制度环境，让非公有制经济成为使用生产要素、公平参与市场竞争、同等受到法律保护的市场经济主体。

第三节　保护严格：健全统一的产权执法体系

一、完善产权纠纷案件执法司法体系，强化执法司法部门协同

随着我国不断鼓励企业发展的优惠政策的出台，各类大中小企业纷纷如雨后春笋般不断发展，部分企业凭借其独特的文化价值和产品优势，逐渐在市场上占据了重要位置，而企业的品牌和产权也成为企业在市场上发挥竞争力的一个亮点。但是，由于我国相关产权法律的不完善，也造成了许多问题，引发了一些产权纠纷。近几年来，产权侵权案件时有发生，

“山寨”屡见不鲜。发生在 2022 年 3 月的“西四包子铺”的产权纠纷案件，也给予了我们在产权执法司法体系上新的启示。

案例 3－1：西四包子铺遇到侵权困扰

西四包子铺是坐落在北京的一家包子铺，其创始人为清末明初的一位宫廷御厨，由于做的美食独具风味，经过时间的积累，逐渐成为了远近闻名的小吃，后来由其徒弟合办餐馆，在当地具有一定的知名度（见图 3－7）。

图 3－7 西四包子铺遇到侵权困扰

西四包子铺归属于北京华天饮食控股集团有限公司，西四包子铺停业多年，在 2015 年重新开业。但是却发现各地有多家使用西四包子铺经营的情况，其中最为显著的是海源阁公司经营的一家西四包子铺，北京华天公司认为涉嫌侵犯其产权，将海源阁公司诉讼至法院，最终的结果是北京华天胜诉。

西四包子铺侵权的案例①引发对于产权纠纷案件的新的思考。企业产权受到侵犯的原因，可以从内外两方面来分析。从企业自身来看，产权的经营者缺乏对于知识产权保护的战略规划，产权保护的意识比较弱；没有及时将产权申请和注册商标；长期未使用拥有的产权

① 靳昊．百年匠心还须法治守护［N］．光明日报，2022－08－27（005）．

会造成经营者遗忘，让其他商家有漏洞可钻。从侵权者的角度来说，为了获得巨大的经济利益而不顾企业在经营过程中应当遵守诚实守信的规则。这些在一定程度上反映了我国的企业主体产权保护意识的淡薄。

从国家层面来看，产权行政执法和司法配合方面的不足导致产权纠纷案件的频繁发生。首先在于我国各知识产权单行法对行政执法的权限、范围、方式等规定各不相同，导致出现产权保护力度不一致的现象①。主要体现在执法部门缺乏主动查处权限，在案件处理的过程中没有和司法部门紧密配合。从这个案例中可以看出，北京华天公司将西四包子铺重新开张以后，发现海源阁公司经营占用其产权以后将其诉讼至法院，而行政部门在前期并没有发挥主动查处产权侵权的作用，而是由产权侵害者直接向法院起诉，司法部门进行审理。同时，产权行政和司法部门配合上的不协同，较大程度上影响了行政执法的效能，不能有效打击和制止侵犯产权的行为。北京法院判决海源阁公司停止使用“西四包子铺”名称以及赔偿经济损失 10000 元。这种判决的处罚力度并不能对侵犯产权的行为进行有效的遏制，侵权现象仍然有可能发生。

为了防范产权领域侵权行为的发生，除了企业自身需要加强产权保护意识，更重要的是要建立和完善产权纠纷案件执法司法体系，强化执法和司法部门协调配合。主要有以下几点措施：首先，要明确行政执法和司法体系的界限，规定行政执法和司法保护的关系，各司其职。这样在发生侵权行为时，可以提高执法的效率；其次，要完善可以加强执法司法部门协同的法律法规，具体来说，通过放宽行政执法的权限，使其拥有对侵权行为主动查处的权力；加大对行政执法人员的专业培养和相关知识的学习，能够在产权被侵犯行为之初就判定为产权侵权行为，提高行政执法的效

---

① 董涛．国家治理现代化下的知识产权行政执法［J］．中国法学，2022（05）．

率；再次，司法部门不能越界。当行政部门对侵权案件进行移交时，司法部门再对案件进行处理，避免造成行政和司法部门的重复办案，浪费社会资源；最后，要加大对于产权侵权案件的行政处罚力度，让侵权者得到惩罚，让其他经营者“不敢犯”和“不能犯”。通过一系列措施将行政执法和司法体系进行联结和互动，可以有效保护我国企业的产权免受侵害，保护企业家的利益，促进我国执法和司法体系的完善。

二、规范产权强制措施规则和程序，明确和统一执法司法裁判标准

随着社会主义市场经济的不断发展，产权的保护日渐被国家和人民重视。但是我国对于产权保护立法起步较晚，改革开放时，我们国家才有了对产权保护的大规模立法，至今过去了40多年，也是我国产权保护不断完善和发展的过程。在这个过程中，创造了良好的商业环境，解放和发展了社会生产力，促进了我国经济的增长。但是，我国在产权保护制度上仍然不够完善，主要体现在产权的强制措施规则和程序不明确，行政执法和司法的裁判标准模糊，给产权保护带来了困难。

案例3-2：红牛饮料的商誉归属问题

2022年5月13日，广东省广州市天河区人民法院对泰国天丝公司起诉广东红牛、珠海红牛、广州红牛等公司商标侵权及不正当竞争案件作出判决，判令中国红牛饮料公司停止生产、销售“红牛维生素功能饮料”，立即停止使用含有“红牛”字样的企业名称。中国红牛饮料公司向其提起诉讼，请求法院确认有权使用“红牛”系列商标并且享有所附收益等合法权益。① 但是被法院驳回，维持原诉。

在上述案例中，红牛饮料公司通过多年的品牌经营将“红牛”标

① 连夜声明！“红牛饮料案”案将向最高院上诉。https：//www.sohu.com/a/357348962_120054912.

图 3-8 红牛饮料的商誉归属问题

识拓展到中国市场，打造了自身的企业商誉。红牛饮料公司在产品上标注“红牛”标识，也说明了该产品的企业商誉应归属于红牛饮料公司所有，而非泰国天丝公司。但是泰国天丝公司之所以能胜诉，其实是因为我国对于商标许可期间的衍生利益和产权归属没有明确的判断标准，侧面反映出我国行政执法中对于执法标准和规则存在缺陷。

在“红牛”商标被使用期间，红牛饮料公司在使用商标的过程中对商标商誉的维持和增值起着积极的作用，并产生巨额的增值利益。红牛饮料凭借其“红牛”标识，经过多年的积累，在运动型功能饮料当中起着举足轻重的作用，给公司带来了可观收益。而在红牛案例的一审判决中，法官却忽略了红牛饮料公司对其商标产品增值的部分，这样对红牛饮料公司来说是不公平的。

对于红牛饮料的商誉归属的判决中可以看出，我国相关法律法规已经在对于产权保护方面有了进一步的发展，但是在商誉的归属方面还未形成统一的标准。以商誉的“添附”规则为例进行阐释：在红牛饮料案的一审判决中，法院排除了对“添附”规则的适用，否认了红牛饮料公司对“红牛”商标的增值价值。但是在另一案例“王老吉和加多宝”的司法判决中，却认为加多宝相似包装产生的品牌效应是建立在王老吉的品牌效应基础之上的。这两个案例都涉及商誉的归属问题，但是在法院的判决上却存在不一致。执法者在审判案件的过程中拥有自由裁量权，但是在这两个相似的案件当中，并没有遵循相对一致的规则，这是我国在产权保护中亟待需要解决的。司法裁判标准的不统一会使得在行政执法上不能形成有效的保护机制，而统一的执法标准要从个别的案例当中体现。因此，在制定相关的制度过程中，应该通过搜集大量的案例资料，对其进行分类汇总，从中明确界定产权侵权的标准和规范，对案件的执行标准形成参照机制，形成统一的行政执法和司法的裁判标准。

另外，在审判案件的过程中，要严格执行执法程序和规则。因为执法人员的主观判断会影响执法效果。具体可以通过立法来规范产权的强制执行措施，进一步规范产权执行的程序。同时，明确和统一行政执法和司法裁判标准。行政执法受到司法审查的制约，行政执法标准应当与司法程序中的法律适用标准相协调[①]，两者相互配合，才可以更好地提高审理案件的效率，更高效地保护产权，从而激励企业更好更快地发展。

三、健全行政执法与刑事司法双向衔接机制

2008 年我国颁布了《国家知识产权战略纲要》，经过十多年的时间，我国已经建立了较为完善的产权行政执法与刑事司法的双向衔接机制，在保护企业产权方面取得了巨大的进步。何为知识产权的“两法衔接”呢？比较权威的一种解释是：知识产权行政机关在执法时若发现有涉嫌犯罪的行为需要依据法律规定向司法机关移送[②]。根据相关数据资料显示[③]，近三年关于商标的处罚数量不断增长，刑事处罚数量与行政处罚的数量的比例在不断缩小。由此可见，我国在健全行政执法与刑事司法的双向衔接机制在不断完善。

健全和完善行政执法与刑事司法双向衔接机制，可以更好地保护企业家产权所有权的权利，营造一种和谐安全的商业环境，更好地激励企业创新，以促进经济的发展。2022 年 8 月 25 日，国家知识产权局公布了 20 例

---

① 李春晖，林子韬. 健全知识产权行政保护体系之重点任务 [J]. 中国市场监管研究，2022 (07)：46 – 50.

② 陈波. 知识产权“两法衔接”机制的立法完善 [J]. 西安财经学院学报，2015 (01)：99 – 106.

③ 陈茜. 商标专用权行政执法与刑事司法衔接问题 [D]. 华东政法大学，2014.

商标无效的企业，其中，“真功夫”餐饮标识因为酷似李小龙肖像被判决无效。

图3－9 “真功夫”餐饮标识无效案

真功夫起源于东莞，前身名为“168甜品屋”“双种子”蒸品屋，主要经营以蒸品为特色的中式快餐，是全国连锁发展的中式快餐企业。2004年，为了适应企业的发展，正式改名为真功夫餐饮店，开始使用酷似李小龙形象的图标作为门店标识。之后，真功夫发展迅速，门店快速拓展，被认为是中式快餐第一品牌。国家知识产权局审理认为，李小龙作为一代武术宗师，是中国功夫的首位全球推广者，在国内具有广泛的知名度，真功夫商标与李小龙的经典动作几近相同，容易给大众造成误导，因此判决商标无效。这反映出我国正在不断查处侵犯产权的行为，保护企业家产权已初见成效。

真功夫商标在被宣布无效后，餐饮店仍然在正常经营，店员并不知道商标已无效的消息。目前，餐厅所使用的标识是摆姿势的黄衣男子的漫画形象，与之前的有较大不同。但是，仅仅对商标宣布无效和继续使用可能侵权的商标企业的行为，行政部门并没有作出惩罚措施，无法对侵权者造成威慑力。这其实是我国产权行政执法与刑事司法衔接不通畅的一个表现，在后续的产权保护过程中应当改进。

在产权保护的过程中，行政执法和刑事司法应当实现合理有效的衔接，让行政与司法共同发挥作用。从“真功夫”的商标被宣布无效但侵权行为仍然可能存在的现象可以看出，我国在刑法上对相关侵权的行为缺乏统一明确的惩罚标准。

刑法应该成为实现行政执法目的的保障，行政执法要与刑事司法相连接。但是我国目前在行政与刑事司法衔接相关的立法还存在一些不足，法律在实施过程中的监督机制也不完善，造成了衔接方面的困难，具体分析如下。

首先，我国在行政执法和刑事司法衔接立法方面有所欠缺。完善立法是增强知识产权行政执法与刑事司法衔接的前提与基础，而现代知识产权保护的宗旨在于保护创造者的合法权益，促进知识信息的广泛传播①。但是，我国目前对于产权两法衔接的立法规定主要是为了打击侵犯知识产权违法犯罪行为，忽略了产权保护的其他功能。而且，我国的产权涉及的范围很广，几乎可以涉及各个领域，因而许多的行政管理部门从自身角度出发，出台了一些有关两法衔接的规范性文件，导致产权行政执法和刑事司法在衔接过程中层级过多，缺乏系统性和协调性，实际上增加了两法衔接的难度，割裂了两法的统一性。

其次，关于产权保护的立法规定都是由行政管理部门和司法机关自行制定的，在判断侵权案件的过程中也有一部分依赖于执法人员的自由裁量权，很容易受到地方保护主义的干扰。真功夫餐馆在被国家知识产权局宣布商标无效以后，仍然在使用比较类似的图标继续经营，给产权保护的后续管理增加了难度。究其原因，一方面在于社会公众对产权的相关关注度不够，没有监督和举报的意识，另一方面是行政与司法部门之间衔接不通畅，没有做到信息共享，对侵权行为的惩罚力度不大，从而影响了法律效果的实施。

当前我国经济由高速增长阶段转向高质量发展阶段。党的二十大报告也指出，坚持创新在我国现代化建设全局中的核心地位，加快实施创新驱动发展战略，对做好知识产权战略实施工作提出了更高的要求。产权保护

---

① 陈波．知识产权“两法衔接”机制的立法完善［J］．西安财经学院学报，2015（01）：99－106.

可以有效为我国实施创新驱动发展保驾护航，而健全行政执法与刑事司法双向衔接机制，依法保护企业产权及企业家人身财产安全是保护产权过程中比较重要的一环，因此在完善相关法律措施时，需要注意以下几个方面。

首先，在保护产权中应当强化激励企业创新的目标。即使行政和司法机关对产权侵犯打击很大，但最终目的都是激励企业创新发展，营造健康的商业环境促进经济的发展，因此强调创新驱动是很有必要的。

其次，对于行政和司法部门制定的法律层级过多、效率较低的情形，应该提升行政执法和刑事司法效力的等级，明确行政权和司法权的界限，让两者相互配合，使其在保护产权的过程中运转更加高效。

最后，健全和完善行政执法和刑事司法衔接的监督机制。可以从行政监督、检察监督和社会公众监督三个方面来施行。行政监督是指对行政机关移送涉嫌犯罪行为的监督[①]。在执行相关产权侵权案件的过程中，行政部门很容易受到地方保护主义的干扰，徇私舞弊，推迟或不向司法机关上交案件，会使产权侵权行为得不到及时解决，时间越长，对于产权所有者经济利益的损失就越大。因此，应当完善相关法律法规，让行政机关与司法机关互相监督，对于行政机关的违法行为给予警告和处罚，避免舞弊行为的发生。同时应当提高执法人员的专业技术水平，在面对行政执法和刑事司法中衔接不畅的地方可以给出有效的建议，为两法衔接建言献策。要加大两法衔接的信息共享制度，推动建立互相之间违法犯罪信息的共享平台和绿色通道，这样不仅可以为行政执法和刑事司法构建有效的信息沟通渠道，更重要的是可以提高办案效率，严厉打击违法犯罪行为，进一步加强和健全两法衔接机制。

第四节　流转顺畅：推动知识产权诉讼制度创新

创新是引领发展的第一动力，保护知识产权就是保护创新，而保护知

---

① 陈波．知识产权“两法衔接”机制的立法完善［J］．西安财经学院学报，2015（01）：99－106.

识产权的重要抓手——知识产权诉讼制度，在保护创新的过程中发挥着极其重要的作用，通过法律保护知识产权，保护知识产权主体的合法权益，通过法律打击违法行为，保护权利人在各个领域的智力成果和合法权益，保证知识产权市场平稳运行，以此激发人们发明创造的积极性，促进作品的创作和传播、提高创新能力，推动发明创造的应用推广，从而为企业带来巨大经济效益，增强国家经济实力；促进社会的发展与繁荣。

根据中国青年报记者报道可以发现，全国知识产权专利纠纷案件同比增长率很高。因为随着中国社会创新的飞速发展，知识产权相关的侵权纠纷也在不断升级，新型疑难案件日益增多，涉及的技术领域逐步扩展，矛盾化解难度逐步加大，对更高水平知识产权司法保护的需求也与日俱增。

2021年全国知识产权系统共受理专利侵权行政裁决案件4.98万件

中国青年报
2022-04-26 21:57　中国青年报社
关注

中国青年报客户端北京4月26日电（中青报·中青网记者 李若一）知识产权保护有助于塑造市场化、法治化、国际化的良好营商环境。在今天下午举行的国新办新闻发布会上，国家知识产权局知识产权保护司司长张志成介绍了去年以来我国在加强知识产权保护方面采取的各项措施。他指出，2021年全国知识产权系统共受理专利侵权行政裁决案件4.98万件，同比增长17.4%。

图 3－10　2021 年全国知识产权系统受理行政案件

早期，因经验不足和司法资源匮乏，我国形成了行政保护与司法保护并行的独特“双轨制”知识产权保护制度。其中，行政保护是通过知识产权管理部门立案查处侵权行为来维护权利人利益，而司法保护则是通过人民法院受理、审理、裁决知识产权侵权案件来维护权利人利益。相较行政保护，司法保护具有稳定长效优势、明确规则优势以及终局权威优势，是知识产权权利人维护权益最值得信赖的途径[①]。虽然目前我国已经建成“4+26+1”的知识产权专门审判体系，但是知识产权法院建设还面临地域发展不平衡、审判模式不完善、专门程序不配套、资源保障不完备等问题，而这些问题是改革不充分不到位的表现，应进一步深化改革，以知识产权强国建设为目标，坚持知识产权保护司法主导理念，贯彻落实2022年4月10日中共中央、国务院发布《关于加快建设全国统一大市场的意见》中关于推动知识产权诉讼制度创新，完善知识产权法院跨区域管辖制度，畅通知识产权诉讼与仲裁、调解的对接机制等方面。

一、完善知识产权法院跨区域管辖制度

知识产权法院管辖与普通法院案件管辖不同，首先其具有专业性：审判人员往往需要具备一定的知识产权相关专业知识和技术能力；其次其具有法定性：即知识产权法院管辖是由法律进行明确规定的，违反或超越法律授权的案件无效。因此，知识产权法院管辖制度是推动知识产权诉讼制度改革的重要着力点，为推动诉讼制度的创新，应继续在设立知识产权法院的基础上进行改进和完善，从而保障知识产权案件公正且高效的审理，为知识创新和技术进步提供优质的司法服务。

（一）我国知识产权法院管辖现状

自20世纪80年代我国知识产权制度建立以来，知识产权司法保护从案件受理范围、案件数量都经历了从无到有、由弱到强的发展，顺应实践需求，知识产权司法保护体系也经历了创立后不断扩张的历程，历经多年改革与发展[②]，目前我国已经建成“4+26+1”的知识产权专门审判体系，即四家知识产权法院（北京、上海、广州、海南），27个知识产权法庭和一个最高人民法院知识产权法庭。各个机构各司其职，对一定地区范围内

---

① 黎文靖，彭远怀，谭有超．知识产权司法保护与企业创新——兼论中国企业创新结构的变迁［J］．经济研究，2021，56（05）：144－161.

② 马一德．知识产权司法现代化演进下的知识产权法院体系建设［J］．法律适用，2019（03）：39－50.

的知识产权进行跨区域和集中管辖，通过完善审判体系、扩张审判格局，我国知识产权司法保护基本可以满足目前保护知识产权“量”上的需求。但在肯定目前审判格局全面化建设的同时，也需要及时分析其中存在的种种问题，解决在创新驱动发展的新阶段产生的知识产权保护“质”的困境。

（二）我国知识产权法院管辖存在的问题

1. 地域发展不平衡

知识产权与经济发展水平有着很大的联系，经济发展水平高的地区往往是知识产权纠纷多发地区，我国的知识产权案件主要集中在北京、上海、广东、江苏、浙江等经济发达地区，中西部经济欠发达地区案件数量相对较少。虽然我国目前所建立的“4+26+1”专门化审判格局较适应知识产权的纠纷易发地区，但是在欠发达地区的知识产权法庭由于受理案件数量较少，法官审判以及诉讼程序经验不足，导致知识产权保护水平较落后，从而使各地域之间知识产权管辖发展不平衡。

2. 审判模式尚不完善

知识产权法院管辖案件主要分为三类：民事、行政和刑事案件，然而目前设立的知识产权专门法院采取的是“二合一”模式，只受理技术类知识产权的一审民事和行政案件，技术类知识产权一审刑事案件依旧放在原有的普通法院审理①。这一不彻底的改革思路与已经在试点处推广的知识产权民事、行政、刑事案件“三合一”的改革相背离。由于普通法院审理知识产权刑事案件的专业性不强，导致司法矛盾冲突比较突出，这样既损害了权利人的权益，又破坏了司法的专业性与权威性。

3. 专门程序尚不配套

知识产权类案件具有较强的技术性、专业性和时效性，审判人员不仅需要有查清事实、厘清法规的能力，还需要有专利、植物新品种、集成电路布图设计、技术秘密、计算机软件等相关知识产权的技术背景。这就要

---

① 徐璟，陈妮艳．论知识产权司法审判机制的构建与完善——以知识产权法院建设为视角［J］．淮北师范大学学报（哲学社会科学版），2020，41（02）：44－49.

求需要一套完整的专门程序来配合相关案件的诉讼和审理，比如专业的技术调查官、专家智库等的参与。但是从目前我国各地技术调查官制度的运行实际情况来看，尚存在诸多问题，例如，各个知识产权法院或法庭对于技术调查官的任职资格和条件标准不一，导致认定事实能力的水平参差不齐；现行的轮岗制和兼职式技术调查官的配备难以满足数量庞大的知识产权案件的审理需求；法官过度依赖技术调查官的审查意见；此外，技术调查官仅有建议权，没有审判权，事实认定与裁判的分离可能导致审理的错误①。

4. 资源保障尚不完备

知识产权审判体系的全面化建设需要大量司法资源的投入，包括办公场所的建立、法官队伍的培养等②，这些都是保证知识产权法院正常运转和发展的基本条件。随着经济的不断发展，知识产权纠纷案件也不断增多，我国司法资源的有限性无法满足目前推进全面建设知识产权法院的需求，这一方面会造成案件积压问题，另一方面会导致我国仍有部分知识产权案件是由普通法院管辖，这种“双轨制”的管辖模式会带来一些列不利影响，例如，普通法院与知识产权法院对于案件的适用标准难以统一，导致同案不同判的结果；缺乏知识产权专业化的普通法院管辖，会阻断知识产权专门化审判的改革成效；知识产权案件由地方法院审判，容易受到地方行政的影响，出现一定地方保护主义问题，会极大程度上影响司法公信力和社会秩序的稳定；司法与行政的衔接问题也会使得知识产权保护周期过长、保护成本过高。

（三）我国知识产权法院管辖的完善

1. 优化地方知识产权法院布局

我国目前所建立的“4 + 26 + 1”专门化审判格局在各地域的分布显示，仅华东三省就设立了9个知识产权法庭，而华北、西南还有不少地区尚未设立专业的知识产权法庭和法院。由于我国地域辽阔，如果将这些地

① 徐璟，陈妮艳．论知识产权司法审判机制的构建与完善——以知识产权法院建设为视角［J］．淮北师范大学学报（哲学社会科学版），2020，41（02）：44－49.

② 张学锐．我国知识产权法院管辖制度研究［D］．广西大学，2015.

区的案件全部规划到跨行政区划的知识产权法院当中，意味着当事人必须跨越遥远的地理距离才能进行相关诉讼，不仅会给当事人维权带来困难，也会让法院不能及时采取相应措施，从而影响知识产权的保护效果，降低司法执行力和公信力。

针对此问题，一方面，可以在四个知识产权法院的基础上继续增设，例如可以在知识产权司法资源稀缺的中部地区，选择某个大城市增设一到两个知识产权法院，进一步健全知识产权专门化审判体系，从而更好地使知识产权案件从原有行政体系中独立出来。另一方面，由于部分地区设计知识产权相关案件较少，为了避免司法资源的浪费，可以采取若干知识产权派出法庭的方式，进一步扩大现有四个知识产权专门法院的管辖范围，以此来满足中部地区司法资源稀缺以及东部沿海地区知识产权案件数量庞大的审理需求，同时以解决由法官审判以及诉讼程序经验不足，导致的各地域之间知识产权保护水平和知识产权管辖发展不平衡问题。通过完善跨区域管辖知识产权案件，可以实现真正的知识产权专门化、高质量审理。

2. 确立知识产权法院管辖“三合一”模式

目前我国已有多个地区全面部署全面推进知识产权案件审理“三合一”，未来应当继续推进“三合一”模式的改革，将技术类知识产权的刑事案件也并入知识产权专门法院的管辖范围，从而更好地保护权利人的合法权益，提升司法公信力，使知识产权管辖更加趋于专业化。

3. 充分构建专业化诉讼体系

由于知识产权案件具有专业性及扩张性，即其涉及的知识范围和技术进步都呈现着专业性和不断扩张的态势，这就要求诉讼体系要能对案件相关信息进行及时更新，及时解决社会上出现的新现象。因此我国可以建立起专门培训体系，即技术调查、技术鉴定、专家咨询和专家证人等综合体系①，这一系列的辅助手段对于实现知识产权案件的高质量审理起着举足

① 易继明．国家治理现代化进程中的知识产权体制改革［J］．法商研究，2017，34（01）：183－192.

轻重的作用。具体来讲，应该尽快出台关于技术调查官选任和管理的规范性文件，充分发挥技术调查官在技术事实查明中的优势作用，进一步细化其参与诉讼活动工作职责，为法官准确裁判案件提供技术支持，使法官能够集中精力处理案件的事实和法律问题，提高裁判质量和效率。在充分发挥技术调查官作用的同时，也应注意防止法官对技术审查意见的形成过度依赖，进而实质上让渡裁判权[①]。除技术调查外，还要注重建立多元化的专业技术体系，通过定期进行专业人员培训并将专业知识纳入考核等方式，实现技术调查官制度与专家咨询、专家证人、专家陪审员等的综合改进，努力构建一个精通各项技术、熟悉法条法规、政治立场坚定的专门化知识产权审判队伍。

二、畅通知识产权诉讼与仲裁、调解的对接机制

以上所提及的有关知识产权法院管辖制度均是基于司法救济即诉讼角度来分析的，此外，知识产权案件还有社会救济的形式，即涉及诉讼、仲裁两种解决纠纷的非诉讼方式。虽然目前我国的知识产权诉讼体系正在逐步完善和发展，且正在逐步推进“三合一”审判模式，但是由于诉讼机制有程序较为严格且其诉讼时间长、诉讼成本高等固有特点，以及有许多较为复杂的知识产权案件经常会出现民事、行政乃至刑事的交叉处理，在目前机制尚未成熟的情况下，会造成解决案件不具有专业性和代表性；更重要的是，随着知识产权经济的快速发展，知识产权纠纷案件急剧增长且解决难度加大，仅靠知识产权诉讼机制不足以应对，因此，引入诉讼以外多种方式的加入，即仲裁、调解等解决纠纷的方案，有助于构建一个更加专业化、系统化、全面化的知识产权纠纷解决体系。

（一）纠纷多元化解决机制的必要性

知识产权多元化纠纷解决机制，顾名思义是指诉讼、仲裁、调解等多种纠纷解决方式并存，各自发挥优势，相互衔接的一种良性机制，可分为

---

① 朱理．我国知识产权法院诉讼制度革新：评价与展望［J］．法律适用，2015（10）：24－29.

诉讼机制和非诉讼机制。上文所提司法救济即诉讼机制往往面临周期长、成本高、审判难等困境，缺乏灵活性，基于司法救济的局限性，非诉讼解决纠纷的机制更高具有灵活性，因为其不被严格的诉讼程序约束，能够通过非正式的、非强制的途径化解纠纷，是在不违反法律规定的前提下，为当事人提供更多解决纠纷的选择，最大限度上考虑纠纷双方意愿的解决方式，相较于诉讼方式，仲裁、调解等纠纷解决机制更加具有多样性和高效性。

调动社会力量有序参与知识产权协同保护，行政执法部门、司法机关、人民调解组织、仲裁机构和行业协会之间，构建起优势互补、相互衔接的工作格局，有利于形成保护合力，保障当事人之间的纠纷能够得到快速、高效化解，各部门之间形成联动机制，完善诉调对接机制，各纠纷解决方式良性互动，提高纠纷解决的效率。发展和完善纠纷多元化解决机制，不仅能够缓解知识产权审判工作压力，为知识产权运行创造良好的社会环境，而且对于优化营商环境、强化知识产权保护具有重要的现实意义①。

（二）我国知识产权纠纷多元化解决机制的现状

目前我国调解制度也在积极应对新时代纠纷的规律和特点，不断推进机制体制创新，保障人民群众的维权需要，每年调解各类纠纷案件数量逐步提升，各地不断成立若干知识产权仲裁院和调解中心，逐渐成为知识产权纠纷解决的新兴力量，收到了很好的社会效果②，但依然有很大的改进空间。在实践过程中，法律规定对仲裁解决纠纷的范围没有明确界定，并且仲裁制度建设和仲裁队伍的不健全，限制了仲裁队伍力量的发挥，导致仲裁机构知识产权纠纷业务不突出，整体推进相对缓慢，发展受到限制。另外，在以调解方式解决纠纷过程中，由于当事人双方通过调解而自愿达成的调解协议往往不具有强制执行力，在调解后十分容易出现当事人不遵

---

① 孙涛．知识产权纠纷多元化解决机制研究［D］．云南大学，2021.

② 张英．大保护格局下知识产权纠纷多元化解决机制的完善［J］．广东经济，2019（07）：68－71.

守既定协议，以致一方当事人要求继续通过司法途径诉讼解决，反而造成了资源浪费。更重要的是，现阶段知识产权诉讼与非诉讼方式之间的衔接还不够顺畅，阻碍了各部门之间的资源与信息的有效共享，影响了多元化解决纠纷机制的高效运行。

（三）知识产权纠纷多元化解决机制的完善

1. 规范非诉纠纷解决程序

仲裁方面，改进和完善有关规定制度，制定相应标准的仲裁程序，明确仲裁可解决的知识产权纠纷事项，充分发挥仲裁解决方式灵活、保密性强等优势；调解方面则需注意引导纠纷当事人在达成调解协议后，向法院申请确认协议的效力，赋予其强制执行力，从而加强调解协议的效力，避免同一纠纷的二次解决而造成的资源浪费。

2. 构建专门知识产权团队

推进知识产权人才培养阵地建设，可以设立知识产权专门调解部门，有意识地引导和鼓励公众有意识、积极地创立知识产权民间调解组织，充分吸收和技术专业人士，扩大知识产权解决纠纷的队伍。加大对知识产权服务机构从业人员、科技人员、管理人员、行政部门相关人员的业务培训，将相关专业知识纳入专业团队人员继续教育的考核内容，对从业人员进行综合考察，培育和发展出调解、仲裁、公正机构等专门知识产权团队。

3. 加强宣传推广以培育社会氛围

构建知识产权多元化纠纷解决机制，是为了推动知识产权纠纷案件尤其是简易案件的快速处理，其持续健全与完善的内在驱动源于多元化解机制的广泛适用，因此，需要不断加强对知识产权多元化纠纷解决机制的宣传推广，使更多相关主体认可、接受、信赖①。一方面可以充分利用互联网新兴媒体平台，给大众普及纠纷多元解决机制的相关流程、具体措施、团队设置、优点好处等信息，使更多主体形成相应认知；另一方面可以开

---

① 刘玉勉．关于知识产权多元化纠纷解决机制的思考［J］．法制与经济，2020（06）：5－6,29.

展专门论坛、会展等，在信息共享、联合宣传、部门协调等方面进行频繁互动，以培养知识产权纠纷多元化解决的社会氛围，提升案件解决效率，使知识产权案件纠纷解决迈向“高质量”进程。

4. 加强知识产权纠纷解决方式的有机衔接

各部门之间相互协调、配合，形成高效顺畅的关系有助于解决目前知识产权案件大量增长的局面，并且可以起到有效预防和化解知识产权纠纷的作用。在推进各个部门发展进程的同时，还要注重部门之间的有效联动。一方面，诉调对接：可以积极引导纠纷当事人选择根据自己的意愿选择纠纷解决方式，部分当事人对于纠纷解决方式认知不够，对非诉方式的认可度不高，可以由立案庭对当事人进行诉前引导，筛选出适宜调解的纠纷案件，增强诉调对接的效率，搭建诉调对接工作平台。另一方面，仲调对接：仲裁庭可以将案件交由行业协会或第三方调解机构进行调解，仲裁机构也可以根据当事人纠纷解决的需求，提供专门的调解业务，将调解贯穿仲裁全过程，这样可以优势互补，充分凸显仲裁的权威性与调解的灵活性。推动各非诉讼纠纷解决方式之间的衔接与互动，加强资源配置，推进纠纷解决资源和纠纷解决力量多元化，努力使仲裁机构、调解机构、行业协会之间形成有效的衔接机制，提升各界对非诉讼纠纷解决方式化解知识产权纠纷的认知度和认可度①。

知识产权市场秩序的平稳运行需要有效动员社会各界力量参与，建立仲裁和调解优先推荐机制，发挥行业团队组作用，形成资源优化、分工合理、运作良好的多元化解决机制，不断为知识产权团队注入新的活力，贯彻落实好“推动知识产权诉讼制度创新，完善知识产权法院跨区域管辖制度，畅通知识产权诉讼与仲裁、调解的对接机制”的理念，从而推进知识产权纠纷解决的高质量化，保护创新，引领发展，增强国家经济实力，促进社会的发展与繁荣。

---

① 孙涛．知识产权纠纷多元化解决机制研究［D］．云南大学，2021.

第四章　宽进严管：实行统一的市场准入制度

第一节　历史沿革：统一市场准入制度的发展历程

“知微知彰，知柔知刚”，既表现了为人处世的自我修为，也体现了国家治理的经世之道。只有既看到表面彰显之处，亦查知内里事物，才能更好地把握事物的发展规律，以此来推动国家不断向前发展。深入探索我国统一市场准入制度的发展源流，切实把握其渐进发展历程有利于进一步加深对我国市场准入制度发展历程的了解以及对未来方向的预测，以期为我国建设高标准市场体系、构建高水平社会主义市场经济体制提供有力支撑。

一、溯本求源：市场准入制度的源流

夫物芸芸，各复归其根。党的十八届三中全会首次提出“实行统一的市场准入制度，在制定负面清单基础上，各类市场主体可依法平等进入清单之外领域”。2022 年 3 月 25 日中共中央、国务院在《关于加快建设全国统一大市场的意见》中提出“实行统一的市场准入制度，严格落实全国一张清单的管理模式，严禁各地区各部门自行发布具有市场准入性质的负面清单，维护市场准入负面清单制度的统一性、严肃性、权威性”，市场准入制度再次映入大众眼帘。那么，市场准入制度最初是在怎样的背景之下提出的？完善和统一市场准入制度还需采取哪些措施以及又会产生怎样的

重要影响？本节将从历史、经济和社会三个方面探究市场准入制度的根源以及统一市场准入制度的重要举措及意义。

（一）市场准入制度的探本溯源

“市场准入”一词来源于英文“Market Access”，它是在我国理论和学术界研究有关法律文件和他国相关制度时翻译过来使用的[①]。综合目前学术研究的主要定义，市场准入被看作“市场主体和交易对象被政府准许进入市场的程度和范围”。此外，市场准入包含的范围也发生了些许变化。改革开放时期，市场准入更多强调的是国际贸易领域，即“在世界贸易组织制度框架下，一国市场主体自由进入某国市场的程度”。随着时间的推移和使用范围的延伸，“市场准入”这一概念不再仅指国际市场，综合目前主要的学术研究的定义，市场准入演变为“市场主体和交易对象被政府准许进入市场的程度和范围”。

改革开放前，我国实施计划经济体制，政府的“一双手”严格控制着市场。当时市场结构较为单一，市场效率相对低下，市场主体没有自主经营权，只能从事着既定的行业和业务。在这种体制下所有经济活动都是在国家调控下进行的，劳动者报酬既定并缺乏利益激励无法激发其生产积极性，同时也滋生出很多寻租行为。在此阶段中，就市场准入制度而言，市场准入门槛一定程度上取决于国家意志，生产单位获得市场的许可皆可进入，也就是政府部门直接决定着市场中存在哪些企业和行业[②]。

随着人们消费需求的多样化与生产计划滞后性之间的矛盾日益尖锐，计划经济体制的弊端逐渐显露，推动了我国市场经济的产生和发展，我国自此进入大刀阔斧的市场体制改革时期。党的十一届三中全会后中国开始实施对内改革、对外开放的政策。从1979年起进入改革开放时期，在这个阶段，中国建立以级别管辖和属地管辖为原则的纵向分散登记体制，作为市场准入规则之一的行政审批制度确立，并且逐步成为政府管理市场主体

---

① 戴霞．市场准入法律制度研究［D］．西南政法大学，2006.

② 陈升，李兆洋，等．市场准入负面清单：理论、实践与前瞻［M］．北京：中国社会科学出版社，2018.

的主要形式，这就从客观上提高了政府对市场的管制效率及质量，也将政府外部问题内部化，有效推动了政府职能转变[①]。这种转变主要是指行政手段在资源配置中起基础性调节作用向市场在资源配置中起基础性调节作用转变，虽然一定程度上释放了市场经济的活力，但仍存在企业没有真正成为市场主体、市场制度不完善和企业登记缺乏相应的法律支撑等问题。

随着社会主义市场经济体制的完善和发展，中国市场准入管理制度更加开放、透明、公平。虽然中国已经开始通过改革减少政府对市场的直接干预，企业的自主权利逐步扩大，市场准入制度大体上朝着能更好地激发市场活力和引进更多优秀企业的方向发展，但仍然存在一些问题，比如，市场准入门槛过高、市场准管理的法律法规庞杂、市场准入管理体系复杂等，这就表明我国市场准入仍任重而道远[②]。

上述主要讨论的是市场准入制度的历史根源，我国市场准入制度的产生和发展还有着深刻的经济和社会根源。在经济根源方面，短缺经济的结束要求市场设置相应门槛来约束进入市场的领域和企业[③]。在短缺经济下，人民各类所需供不应求，很难形成来自市场的进入约束，即使存在进入市场的门槛，由于市场机制尚未成熟，政府也很难进行有效的监督和协调。在短缺经济结束之后，市场不再供不应求，企业之间产生有效竞争，不断追求高质量高效率以求在市场中正常运营，无形之中对新进入的企业或者投资产生约束，抬高了进入市场的门槛。此外，经济发展所带动的技术进步使特定行业和产品以及服务必须不断更新换代，才能在技术洪流中占有一席之位，这就进一步倒逼了市场准入制度的完善和发展。在社会根源方面，发展市场准入制度是维护社会稳定和经济公平公正的需要，也正是经济法的精神和最高指导原则之一。我国要确保各经营主体进入市场的经济机会均等和经济平等，促进社会稳定发展。

随着我国短缺经济时代的结束、经济体制的转变和经济发展带来的技

①②陈升，李兆洋，等．市场准入负面清单：理论、实践与前瞻［M］．北京：中国社会科学出版社，2018.

③ 封延会，贾晓燕．论我国市场准入制度的构建［J］．山东社会科学，2006（12）：50－52.

术不断进步，市场准入制度开始慢慢成型，通过从历史、经济和社会三个方面探究市场准入制度的根源，我们对其也有了更深刻的理解，可以帮助我们更好地分析其后续的发展历程。

（二）统一市场准入制度的大本大宗

市场准入制度是维护社会稳定和经济公平公正的客观需要，也是建设全国统一大市场的重要保障。市场准入制度如何建设全国统一大市场，何谓“统一大市场”？如何才能成为“大市场”？全国统一大市场之“大”，是指市场主体要具备国际竞争力，经得起市场的考验[①]，更重要的是所有合规市场经营主体都有进入市场进行平等竞争的机会。

从国际环境看，全球仍面临着高度的不确定性和不稳定性，尚未解决深层次的结构性矛盾。具体表现在，东南亚等新兴市场国家借鉴我国改革开放的成功经验，通过综合成本优势分流我国中低端制造业产能，而欧洲等发达国家凭借其更加完善的市场体系和更高的劳动生产率在高端产业占据一席之位，这就使得我国产业发展面临新的困境。在如此严峻的挑战下，我国通过制度创新来激发市场活力、提升核心竞争力和提高国际综合实力更加迫在眉捷。从国内环境看，我国经济进入新常态，经济增速下降，经济结构也进入转型调整和优化升级的新阶段，比如我国从只关注数量增长转为更加关注质量增长和高效发展；经济增长驱动力由原先的要素驱动、投资驱动转向创新驱动，在新常态下如何有效激发和利用创新因子是我国面临的一项重要工作。

在此背景下，为了解决深层次的结构性矛盾并有效激发、利用创新因子，统一的市场准入制度便迫在眉睫了。统一的市场准入制度对各类企业一视同仁，企业只有按照统一的资格条件进入市场，才会对市场信号及市场变化作出反应，从而加强经营管理，提高经济效益。此外，企业积极参加市场，有利于实现优胜劣汰的资源配置效应，从而激发市场活力和竞争力。

---

① 陈钊．何谓统一大市场［J］．产业经济评论，2022（05）：5－7，24.

但我国建立统一的市场准入制度仍存在一些突出问题。当前，我国市场准入制度实行以正面清单为基础、以行政许可为主导的市场准入制度，即把允许进入的领域都列在清单上面，没有列入清单的领域或项目，则不允许进入。此外，我国市场准入制度统一性不足的另一个重要表现是，民间资本进入金融、石油、电力、铁路、电信、资源开发、公用事业等领域存在隐形市场准入障碍，比如政策执行中的附加条款、准入审批中的“潜规则”以及垄断性行业体制壁垒①。

那当前应该怎样才能推行统一的市场准入制度呢？我们需依法开展市场主体登记注册工作，研究市场准入效能评估指标，稳步开展市场准入效能评估。建立全国统一的登记注册数据标准和企业名称自主申报行业字词库，逐步实现经营范围登记的统一表述，制定全国通用性资格清单，统一规范评价程序及管理办法，提升全国互通互认互用效力，维护市场准入负面清单制度的统一性、严肃性和权威性。

“海阔凭鱼跃，天高任鸟飞。”统一的市场准入制度在一定程度上为市场主体提供了畅通无阻、公平公正的市场的营商环境，增强全国互通互认互用的效力，为市场体系的统一性奠定了坚实的基础。

二、泥泞前行：市场准入的渐进发展

我国现行的市场主体准入制度是在改革开放以后逐渐建立起来的，并伴随着中国社会主义市场经济制度的不断完善而逐步深化，呈现出从计划性管理转向尊重市场规律、减少政府对市场直接干预的整体变化趋势。到目前为止，市场准入制度经历了改革开放前与改革开放后两个阶段，改革开放后市场经济进入了蓬勃发展时期，市场准入制度是20世纪70年代末随着改革开放的实行而逐步建立起来的，自2013年开始，市场准入管理制度改革进入全面开展阶段，此阶段最具代表性。因此，本节主要关注2013

① 为什么要实行统一的市场准入制度．榆林日报 2014-1-3. http：//szb.ylrb.com/html/2014-01/03/content_11146.htm.

年之后市场准入制度的演进历程。

2013 年，党的十八届三中全会通过了《关于全面深化改革若干重大问题的决定》（以下简称《决定》），为深入推进市场准入管理制度改革勾画了新的蓝图、明确了新的任务。《决定》指出建设统一开放、竞争有序的市场体系，是使市场在资源配置中起决定性作用的基础。同时《决定》也指出必须加快形成企业自主经营、公平竞争，消费者自由选择、自主消费，商品和要素自由流动、平等交换的现代市场体系，着力清除市场壁垒，不断提高资源配置效率和公平性。至此，虽然已经基本明确了改革的基本方向，但在实际运行中仍然存在着较多问题，这直接或间接地阻碍了全国统一大市场的建立与健全。接下来，本节将以市场准入管理存在的问题为导向来讲述市场准入制度的渐进发展过程。

（一）散：有关市场准入标准的依据散乱

"散"的问题是指有关市场准入管理的规定分散在不同的法律、行政法规等文件中，且又容易受到现实情况的影响。其主要表现在两方面：第一，在审批事项中，既有依据法律设立的，又存在大量的"非行政许可审批事项"，由此造成审批标准、审批流程复杂多样且不统一；第二，根据现实中的"实际情况""特殊考虑"等，不断衍生出新的审批条件和方式，造成与此相关的各种法律文件条目庞杂、分散。因此，该类问题容易造成市场主体缺乏明确的"交通灯"，给市场主体带来诸多不便和困惑[①]。

专栏 4-1 企业登记立法制度

我国的企业登记立法制度在 2022 年 3 月 1 日起施行《中华人民共和国市场主体登记管理条例》前极度分散，不仅妨碍了企业登记制度系统体系的构建，也不利于对经济活动主体的守法和执法主体进行

① 陈升，李兆洋，唐雲．清单治理的创新：市场准入负面清单制度［J］．中国行政管理，2020（04）：95-101.

监督与管理。从规制登记的法律文件来看，有企业法人登记的一般性法律文件《企业法人登记条例》；也有特别针对公司、合伙登记的法规《公司登记管理条例》《合伙企业登记管理办法》。另外，从规制登记中某一环节的法律文件，如《企业名称登记管理规定》《企业法人登记管理条例》等，其内容既存在相互重叠的弊端，又有疏漏的法律“空白”和“盲点”。立法内容上的重叠突出地表现为实体性法律文件与专门关于登记的法律文件的交叉与重叠，而立法上的盲点则因立法文件的分散性，以及公布时间和制作机构的差异性，从而造成诸多法律文件相互之间存在不协调和相矛盾。如《企业名称登记管理规定》和《公司登记管理条例》对预先申请企业名称的规定便有差别：前者指出企业有特殊原因的，可以在开业登记前预先单独申请企业名称登记注册；后者则要求“设立公司应当申请名称预先核准”。虽然在法律适用上新法优于后法，但是新旧法同时有效存续时，两者之间的抵触就该予以消除①。

对于“散”的问题，国家主要从持续推动“证照分离”改革，推进工商注册制度便利化、简化审批流程、执行统一的准入标准等方面着手进行改进。2013 年 11 月 12 日，在党的十八届三中全会上通过的《关于全面深化改革若干重大问题的决定》提出要推进工商注册制度便利化，削减资质认定项目，由先证后照改为先照后证，把注册资本实缴登记制逐步改为认缴登记制，以清理和压缩工商登记现有前置审批事项。为进一步简化审批流程，国务院于 2014 年 7 月 8 日发布《关于促进市场公平竞争维护市场正常秩序的若干意见》（以下简称《意见》）。《意见》强调要简化手续、缩短时限，鼓励探索实行工商营业执照、组织机构代码证和税务登记证“三证合一”的登记制度；大力减少行政审批事项，并对现有行政审批前置环节的技术审查、评估、鉴证、咨询等有偿中介服务事项进行全面清理。

---

① 王菊芳．试论我国市场准入制度的发展现状与改革取向［D］．内蒙古大学，2010.

上述政策的发展在一定程度上解决了审批流程复杂繁琐的问题，但对于市场准入标准分散的问题仍亟待解决。2015 年 10 月 19 日，国务院发布的《关于实行市场准入负面清单制度的意见》提到市场准入负面清单应由国务院统一制定发布；地方政府需进行调整的事项，由省级人民政府报国务院批准后执行。另外按照《国民经济行业分类》的统一分类标准提出本部门、本单位市场准入负面清单草案。此外，发展改革委、商务部牵头汇总、审查形成统一的市场准入负面清单，报国务院批准后实施。随后发布的《市场准入负面清单（2018 年版）》《市场准入负面清单（2019 年版）》《市场准入负面清单（2022 年版）》也都进一步强调了准入标准的问题，要确保清单以外的行业、领域、业务等不存在市场准入审批事项的设置，各类市场主体皆可依法平等进入。与此同时，强调立法保障，要求做好相关规章和规范性文件的“立改废”工作。市场准入制度经实践探索，逐步解决了市场主体准入标准不统一、“特殊问题特殊对待”被滥用等问题，为市场健康运行奠定了良好基础。

（二）差：市场准入差别大

“差”的问题主要表现在不同的地区之间，市场准入负面清单的内容存在差异，缺乏统一的标准。部分地区政府自行编制并发布了市场准入类负面清单，这可能导致地方保护主义的出现，产生“隐性壁垒”，阻碍国际国内要素自由流动，使资源配置缺乏效率，不易推进全国统一大市场的建设①。

专栏 4－2　某市政府文件违规给予特定经营者财政奖补并对不同地区经营者实施差别化待遇

基本案情：市公竞办在对某市经信局开展公平竞争审查督查时发现，某市经信局起草的、由该市政府出台的《关于印发扶持数字经济

① 陈升，李兆洋，唐雲．清单治理的创新：市场准入负面清单制度［J］．中国行政管理，2020（04）：95－101．

发展的九条政策的通知》（＊政发〔2019〕37号），规定“对由数字经济企业组建或牵头组建的在某市注册、独立核算的国家级制造业创新中心，给予200万元奖励。探索数据开放机制，依法合规推动经脱敏后的政务数据、公共数据等资源向在某市注册并正常运营的数字经济企业开放”。

定性分析：该文件在没有相关法律依据的情况下，对数字经济企业组建的在该市注册的国家级制造业创新中心给予财政奖励，违反了《实施细则》第十五条影响生产经营成本标准中第一款第1项“给予特定经营者财政奖励和补贴”的规定；同时，数据资源只向在该市注册的数字经济企业开放，而不向市外注册的数字经济企业开放，违反了《实施细则》第十三条市场准入和退出标准中第一款第2项“对不同地区的经营者实施差别化待遇”的规定。该市政府在督查后依法废止了文件①。

因此，针对这一问题，国家陆续出台一系列政策以缩小不同地区之间市场准入负面清单的差异并逐步确立统一标准。2015年国务院发布《关于实行市场准入负面清单制度的意见》明确提出负面清单“先行先试、逐步推开”的发展原则，自2015年12月1日起在部分地区试行市场准入负面清单制度，探索形成全国统一的市场准入负面清单及相应的体制机制，并从2018年正式实行全国统一的市场准入负面清单制度。

2018年，国家发展改革委和商务部印发的《市场准入负面清单》提到要严格落实“全国一张清单”管理模式。各地区各部门不得自行发布市场准入性质的负面清单，确保市场准入负面清单制度的统一性、严肃性和权威性。按照党中央、国务院要求编制的涉及行业性、领域性、区域性等方面，需要用负面清单管理思路或管理模式出台相关措施的，应纳入全国统

---

① 中国质量新闻网．差别化待遇限定使用商品——浙江台州公布违反公平竞争十大典型案例．2021/8/10，https：//baijiahao. baidu. com/s? id = 1707671179135266786&wfr = spider&for = pc.

一的市场准入负面清单。《市场准入负面清单（2019 年版）》在 2018 年版的基础上进行完善，强调“一单尽列、单外无单”，并对已经纳入该清单的行业、领域、业务等，各有关部门要做好对地方细化措施的监督指导，确保符合“全国一张清单”管理要求。严禁各地区各部门自行发布市场准入性质的负面清单，持续推动放宽市场准入门槛。各地区各部门要密切关注市场反映，多渠道听取市场主体、行业协会等意见，及时发现并推动破除各种形式的市场准入不合理限制和隐性壁垒，努力营造稳定公平透明、可预期的营商环境。2022 年国家发展改革委和商务部印发的《市场准入负面清单》继续强调“全国一张清单”这一重点，为形成高质量、高标准的全国统一大市场助力。市场准入负面清单制度经由设立到逐年调整而逐步趋于完善，实现了清单之外“法无禁止即可为”，解决了各地区之间因负面清单内容存在差异导致市场主体进入存在障碍的问题，带来了更多的公平与开放。

（三）松：政府对事中事后的监管“松懈”

“松”的问题主要是指政府花大力气把监管重心放在事前审批上，而对事中、事后监管、服务的重视程度不足，这造成企业进入市场的流程繁琐冗杂，导致管理“松懈”。这一系列措施“看似严格、实则低效”，容易滋生不正当竞争甚至违法行为，扰乱市场秩序①。

专栏 4-3 长春长生疫苗案件

2018 年 7 月 15 日，国家药品监督管理局发布通告指出，长春长生生物科技有限公司冻干人用狂犬病疫苗生产存在记录造假等行为，事件流程如下图所示。这是长生生物自 2017 年 11 月份被发现百白破

① 卢玉平，金铭，段晓军，王子豪．加强事中事后监管问题研究［J］．中国市场监管研究，2018（02）：60-65.

疫苗效价指标不符合规定后不到一年，再曝疫苗质量问题①。在两年时间内，此类恶性事件两度发生，正是对事中、事后监管不严的典型案例，值得引起相关监管部门的反思②。

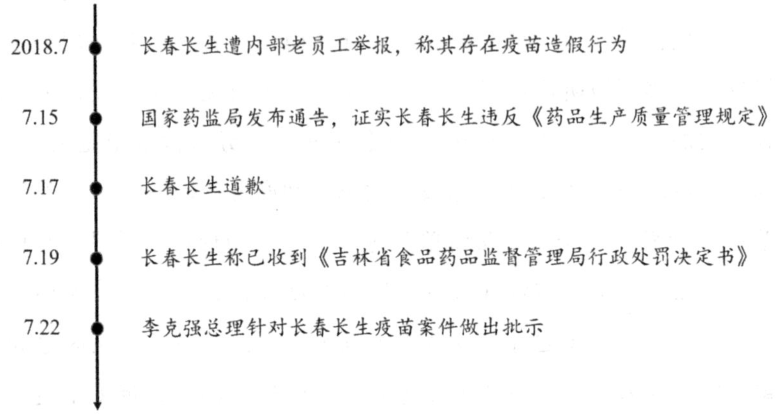

因此，负面清单下的监管体制应将维护市场秩序、促进充分竞争作为重要立足点，做到既遏制违法违规行为，又能促进市场经济健康发展③。2013 年 11 月 12 日，党的十八届三中全会上通过的《关于全面深化改革若干重大问题的决定》提出要改革市场监管体系，实行统一的市场监管，清理和废除妨碍全国统一市场和公平竞争的各种规定和做法，严禁和惩处各类违法实行优惠政策行为，反对地方保护，反对垄断和不正当竞争。在维护市场正常秩序的基本政策建立之后，国家开始加快构建新型政商关系，全面落实“双随机、一公开”的监管制度。2019 年 2 月 15 日，国务院发布的《关于在市场监管领域全面推行部门联合“双随机、一公开”监管的意见》中提到将“双随机、一公开”作为市场监管的基本手段和方式，原

① 百度百科：长春长生疫苗事件。https：//baike. baidu. com/item/%E9%95%BF%E6%98%A5%E9%95%BF%E7%94%9F%E7%96%AB%E8%8B%97%E4%BA%8B%E4%BB%B6/22752278？fr = aladdin.

② 王雅楠．加强卫生防疫药品生产质量安全监管问题研究［D］．郑州大学，2020.

③ 汪晓贺．市场准入负面清单的制度困境及其完善路径．齐齐哈尔大学学报（哲学社会科学版）．2021：105 – 109.

则上所有行政检查都应通过双随机抽查的方式进行，对抽查中发现的问题线索一查到底、依法处罚，并将处罚结果记于相应市场主体名下，对违法失信行为的主体形成长效制约。并且随着《市场准入负面清单（2018年版）》的发布，我国市场准入负面清单制度进入了全面实施的新阶段，市场准入制度的监管力度愈发严格。

目前，《市场准入负面清单（2022年版）》是市场准入制度最健全的版本，强调切实履行政府监管责任。具体而言，一是各地区各部门要严格落实法律法规和“三定”[①] 规定对上述法规未明确监管职责的，按照“谁审批、谁监管，谁主管、谁监管”的原则，全面夯实监管责任。二是要落实放管结合、并重要求，坚决纠正“以批代管”“不批不管”等问题，防止出现监管真空。三是要健全监管规则，创新监管方式，实现事前、事中、事后全链条、全领域监管，提高监管的精准性有效性。四是要强化反垄断监管，防止资本无序扩张、野蛮生长、违规炒作，冲击经济社会发展秩序。“松—紧”的变化趋势表明我国正在逐步践行全过程的有效监管，为建立更加健康的市场环境保驾护航。

综上所述，从整个市场准入制度演进而言，其主要变化表现在以下两方面：其一，在市场准入方面，全面实施市场准入负面清单，这张清单实现了市场准入“全国一张清单”管理，清单之外领域，各种所有制、各种规模企业皆可依法平等进入，有利于从根本上实现市场准入畅通、开放有序、竞争充分和秩序规范[②]；其二，在市场监管方面，开始从事前监督转为事中和事后监督，通过“双随机，一公开”“放管服”等有关政策逐步完成市场监管的重心转移，以更好地规范市场行为，维护市场秩序。总之，我国政府正在通过不断落实“宽进严管”来完善市场准入制度，以推进一个高效规范、公平竞争、充分开放的全国统一大市场加快形成。

---

① “三定”规定即“定职能、定机构、定编制”。

② 安宁．十年全面深化改革推动中国发生历史性巨变［N］．中国经济导报，2022-09-29（002）．

第二节　以点带面：逐步推动市场准入体系“宽进”

积微成大，跬遐自迩。“宽进”主要是针对市场主体的准入条件、登记服务方式和行政审批制度等方面的规定，切切实实转变政府监管的方式和路径。“宽进”看似“简单”，但从体制层面最大限度地为市场主体松绑并非落地即能生效，需要以点带面的辐射引领和循序渐进的历史过程。

一、非禁即入：重点区域和行业放宽市场准入的《特别措施》

党的二十大报告明确提出要“完善产权保护、市场准入、公平竞争、社会信用等市场经济基础制度，优化营商环境”“合理缩减外资准入负面清单、依法保护外商投资权益，营造市场化、法治化、国际化一流营商环境”。一直以来，党中央和国务院都将市场准入列为重点工作目标，逐步加大科技、金融、教育、医疗等领域的市场准入放宽力度，不断推进负面清单试点工程，大力破除隐性壁垒，优化国际营商环境，助推外贸外资行稳致远、欣欣向荣。

1947 年，中国作为关税贸易协定成员国参加了日内瓦第一次多边谈判，成员国之间达成了资本主义国家 54% 的进口商品的关税平均降低 35% 的协定。该谈判结果表明各成员国迈出了放宽市场准入标准的第一步，为实现贸易自由化创造了条件。新中国成立后，台湾当局决定退出关税贸易协定。直至 1986 年，中国正式提出恢复在关贸总协定缔约方地位的申请，并在 1994 年与其他成员国一同签署了《1994 年关税与贸易总协定》①。这一文件要求各成员国逐步开放市场，通过降低关税和取消进口数量的限制，允许外国商品进入本国市场并与国内产品进行竞争，这使多边贸易体制不断改善，世界贸易得到进一步放宽和扩大。此后，我国于 1995 年开始

---

① 共和国的足迹——2001 年：加入世界贸易组织。http：//www. gov. cn/test/2009 - 10/10/content_1435051. htm.

施行《外商投资产业指导目录》（后来也被称为“正面清单”），它规定了外商投资的四大类，包括鼓励类、允许类、限制类和禁止类，成为对外商投资进行指导的主要文件[①]。

随着市场准入条件的不断放宽，这份目录包括的范围逐步扩大，外资和本土企业可以开展的经营活动随之增多。与此同时，这种正面清单行政审批管理模式的弊端也显露出来。当时广泛存在的制度规定中，企业进行的经营活动均需政府审批通过，这将导致审批流程复杂繁琐，并且在这种体制下，政府部门权力过大，不利于市场健康良性发展。

为了克服该类弊端，我国尝试推行“市场准入负面清单”制度。并于党的十八届三中全会上正式提出负面清单管理模式。会议明确要求实行统一的市场准入制度，在制定负面清单的基础上，各类市场主体可依法平等进入清单之外的领域[②]。为保证政策平稳推进，首先在中国上海自由贸易区开展试点工作。新制度的出现将市场准入条件由“规定进入”调整为“法无禁止即可入”。之后国务院印发《关于促进市场公平竞争 维护市场正常秩序的若干意见》（以下简称《意见》），《意见》以清单方式明确列出禁止和限制投资经营的行业、领域、业务等，不断强化清单以外各类市场主体皆可依法平等进入的制度安排[③]。按照党中央部署层层推进，国务院及相关部门出台了《关于实行市场准入负面清单制度的意见》《市场准入负面清单草案（试点版）》《自由贸易试验区外商投资准入特别管理措施（负面清单）》等相关文件，为在上海、广东、天津、福建等自由贸易区进行的试点提供了全方位指引。广东省遵循“法无授权不可为、法无禁止皆可为、法定职责必须为”的准则，不断完善负面清单管理制度，于2015年年底实现了省市县统一事项清单。其突出表现值得关注，故以广东省服

---

① 张智：外资准入40年：从正面清单到负面清单。新浪财经：https://finance.sina.cn/2018-07-28/detail-ihfxsxzf5992770.d.html.

② 易刚，全面实施市场准入负面清单制度，2017. 经济日报：https://news.12371.cn/2017/12/16/ARTI1513395078479287.shtml.

③ 中国政府网：国务院关于促进市场公平竞争维护市场正常秩序的若干意见。http://www.gov.cn/zhengce/content/2014-07/08/content_8926.htm.

务业为例对重点区域和行业放宽市场准入进行阐述。

专栏4-4　广东省服务业的市场准入演进

自从我国第一次参加日内瓦多边谈判以来已走过了75年漫漫岁月，我国的市场制度发生了翻天覆地的变化——市场准入逐步放宽、营商环境持续优化等，社会主义市场经济的发展越来越好，我国也逐渐成为世界第二大经济体。而作为在我国市场经济发展的过程中重要的试点经济特区，深圳市从微观层面反映了我国市场准入制度的进程。

1979年之前，广东省宝安县仅仅是一个临海的聚落；

1979年1月，国务院撤销宝安县，设立深圳市；

1980年，第五届全国人民代表大会常务委员会第十五次会议通过了由国务院提出的《广东省经济特区条例》，批准在深圳设置经济特区。自此，深圳开始迈向经济腾飞之路，逐渐成为中国经济最发达的城市之一。

1995年，我国的《外商投资产业指导目录》首先在作为四大经济特区之一的深圳投入施行。选择深圳作为该《目录》施行试点的原因之一是深圳的经济发展速度快、开放程度高。在这种经济大环境下，能够更好吸引各国商业组织在此开展商业活动，这极大促推了深圳经济的健康发展。原因之二是深圳强大的创新能力和自主发展能力，具有优越的先行意识和改革条件，政府监管和市场自主调节相辅相成，这都为“正面清单”的试验与改进提供了重要的条件，使“正面清单”能够在实践中精进不休。同时《外商投资产业指导目录》的实施也给予了深圳市招商引资、开放发展新的机遇，创造了更良好的发展前景，为未来深圳市市场的进一步开放提供了政策基础。在党的十八届三中全会上，“负面清单”也成功落地。“正面清单”与“负面清单”的互补与实施帮助深圳市市场准入制度的建立提供了新的指引，为深圳市的经济可持续发展、营商环境的进一步优化奠定了基础。

深圳市作为全国性的经济中心城市与商贸物流中心，尽管其城市服务功能已经相对强大，但是由于城市范围不断扩大、城市人口大幅增加，导致城市服务业所需要的内容与质量也随之上升。同时深圳市的经济发展建立在外向型经济基础的产业结构上，逐渐面临要素价格上涨、环境污染等问题，这阻碍了城市综合实力的提升。因此，发展服务业是深圳转变经济发展方式、突破资源环境承载能力制约、实现全面协调可持续发展、继续发挥在全国的带动和示范作用的必然选择。[①] 要发展高质量现代服务业，就要把放宽市场准入、提供公平竞争环境作为重要政策措施，推行更开放、宽容的政策规定。《市场准入负面清单》推行“法无禁止即可入”，放宽了市场准入、优化了服务业市场准入管理模式、扩大了服务业开放程度，为深圳市引入了更多的先进服务业供应商，有利于深圳服务业的更好发展，促进市场的稳定与安全。

根据2020年版负面清单规定，广东省在服务业种类总数中，无限制措施的种类数为182个，所占比重达到87.92%；有限制措施的种类数为8.5个，占比4.11%；禁止外商投资进入的种类数为16.5个，占服务业种类总数的7.97%。广东省服务业开放平均程度为92.03%，加权开放平均程度为89.98%，相较于2015年不足72%的加权平均水平，服务业开放度上升了将近18%，开放水平得到有力提升。[②] 由于良好的开放水平与营商环境，深圳市的市场准入制度开始向标准化转变，经济发展更加迅速、服务业也高速发展，为未来其他地区、其他行业放宽市场准入提供参考。

时至今日，深圳服务业的市场准入改革步履未停。国家发改委、商务部联合印发了《关于深圳建设中国特色社会主义先行示范区放宽

① 刁彩虹．深圳服务业发展特征研究［J］．特区经济，2010（11）：31－33．

② 杨玲．广东省服务业开放度评估——基于负面清单的研究［J］．中国市场，2022（20）：10－12．

市场准入若干特别措施的意见》（以下简称《意见》），《意见》包含了围绕科技、金融、医疗、教育文化、交通和其他6大领域的24条具体措施，并提出了若干配套政策，以此为深圳放宽市场准入提供政策指引。按照该意见，深圳市政府未来将更加严格执行市场准入政策、完善生产性服务业市场准入制度，不断推动和强化公平竞争，以期提供更良好的营商环境。

试点区域在吸引外资、增加企业数量、激活市场活力等方面采取的措施颇有成效，但仍存在由于监管部门权力观念浓厚导致的市场门槛偏高等问题①。为验证政策是否具有普适性，于2017年将试点范围逐步扩大至辽宁、吉林、黑龙江、浙江、河南、湖北、湖南、重庆、四川、贵州、陕西等11省（市）。推广试点的实践证明，负面清单制度有利于激发市场主体活力、提升投资的便利性和创新性以及改进了政府管理方式，并推动相关体制机制改革②。经过试点推广后，我国于2018年正式实行全国统一的市场准入的负面清单。

通过三年落地实施，市场准入环节中的负面清单管理模式已在全国范围确立。《市场准入负面清单（2022年版）》列有禁止准入事项6项，许可准入事项111项，共计117项，相比2020年版123项清单减少6项，相比2018年版151项清单减少34项，而与2016年试行版328项事项相比，缩减比例高达64%。

总之，市场准入负面清单制度"非禁即入"的范围逐步放宽，给予了市场主体最大限度的自主权，充分激发了市场活力，优化我国现有的产业结构，从而充分发挥市场在资源配置中的决定性作用，提升我国产业的全球竞争力。通过以点带面的辐射引领，片区联动的共同提升，打造公开公平公正的市场环境和统一开放、竞争有序的现代市场体系，既有利于中国

① 刘双霞．市场准入负面清单包容创新领域［N］．北京商报网，2017－12－11．
② 李建伟．让中国市场更加开放更加平等的重大改革．上海社会科学院．2018－12－26．

在经济全球化过程中抢占先机，又可以助力于我国迈入全面建设社会主义现代化国家新征程。

二、公私两便：统一市场经济主体的登记管理制度

市场主体登记管理制度是市场主体开展经营活动的基础性制度，贯穿了市场主体产生、发展和退出的全生命过程，焕发了市场主体创新创业活力，事关市场主体合法权益保护、市场秩序维护以及营商环境的持续优化[①]。

改革开放以来，国际国内形势日新月异，工商部门在这一发展变化中紧跟时代步伐，积极推进工商登记制度改革。20 世纪 80 年代以来，我国相继出台了《中华人民共和国企业法人登记管理条例》《中华人民共和国合伙企业登记管理办法》等关于改革市场主体的登记制度。自 2006 年后连续三年，国家工商总局相继出台了多个优化市场准入环境、促进地方经济发展的文件，这些文件中明确指出了在法律法规和职责范围内放宽经济主体登记的条件、支持市场创新登记管理体制机制，同时全面提升市场监管的指导原则。2009 年以来国家工商总局连续五年就工商登记的功能和登记改革的条件、内容、步骤等召开座谈会，旨在深入探讨现状、稳妥推进工商登记管理制度的改革。同时仍支持改革试点，该阶段最值得关注的是广东省实施的商事登记改革。

专栏 4－5　广东省的商事登记改革[②]

起点：2012 年 3 月，国家工商总局批准广东部分地区允许开展改革试点，自此试点工作正式展开。深圳市、珠海市、东莞市、佛山市顺德区这四个区域调整了营业执照部分记载事项（住所、注册资本、经营范围）的登记方式，试点改革的帷幕正式拉开。

---

① 中国政府网，国务院新闻办就激发市场活力支持市场主体发展有关情况举行发布会，2022. http：//www. gov. cn/xinwen/2022－01/28/content_5673539. htm.

② 李海明，居燕芳．广东省商事登记制度改革调查研究［J］．中国工商管理研究，2014（07）：66－68.

推进：2013年2月，广东省瞄准营业执照这一关键的进入标准，出台《广东省商事登记营业执照改革方案》。经国家工商总局批复同意，在深圳市、珠海市率先试行。与此同时，广东省其他地区也针对营业执照改革不断寻求法律支撑：深圳市人大和珠海市人大相继通过了《深圳经济特区商事登记若干规定》和《珠海经济特区商事登记条例》。广东省的商事登记改革主要做法如下：

1. 改革审批程序，实行商事主体登记与经营项目审批分离措施。市场准入程序由“先证后照”改为“先照后证”；

2. 改革登记事项审批内容，实行有限责任公司注册资本认缴登记制；

3. 改革监管方式，厘清各部门监管职责，建立跨部门信息共享机制，实行“谁审批，谁监管”；

4. 改革信息公示制度，逐步建立科学统一的企业登记许可及信用信息公示系统，设立企业经营异常名录，完善信息管理制度，强化企业自律和社会监督；

5. 革新登记手段，推行网上登记，试行全流程网上服务模式，开展电子营业执照探索工作，缩短办照时间；

6. 取消年检制度，实行年度报告公示，制订企业经营异常名录制度。

广东省商事登记改革成效如下：

1. 2013年广东省的新增登记企业中，在商事登记试点地区的登记企业总数达14.87万户，占全省新增登记企业数的60%，截至9月底，广东省企业总数已跃居全国第一；

2. 深圳市实施企业登记“即来即办”。针对提交材料齐全且符合法定格式的企业登记申请人，办理机构当场准予登记并在受理后24小时内核发营业执照；东莞市办照实行“5115承诺”（排队取号不超过5分钟；等候时间不超过1小时；核发执照时间在一般情况下不超过1个工作日，如遇特殊情况最长不超过5个工作日）；顺德区对一般性的经营事项登记注册最快一个工作日核发执照；

3. 东莞市对全市75个部门的716项行政审批事项开展清理，取消企业登记前置审批200多项；顺德区对965项行政审批事项进行清理，企业登记前置审批事项从140项减少到8项，并推行并联审批系统建设，实现营业执照、组织机构代码、税务登记证“一表登记，三表同发”，企业最快4日内可以领取“三证”，区属13个部门审批提速超过50%。2014年5月，广东省统一出台的工商企业登记前置审批事项目录中仅保留13个前置审批事项。

广东省商事改革是一次非常成功的经验，各地工商部门在降低市场准入门槛、改革登记注册方式、推进科学高效监管等方面进行了积极尝试。

值得补充的是，2022年广东省商事改革迎来十周年。十年前的商事改革不仅敲开了市场的大门，也敲开了创业者的大门，“首吃螃蟹”的广东省为在全国范围内推进统一的经济主体登记管理制度打开了大门。十年后的广东省商事制度改革再出发，着力打造登记许可便利化示范区，力推企业开办便利度进入国际前列。

党的十八大以来，在吸取试点经验的基础上，我国先后出台了多部规范市场主体登记管理的行政法规。党的十八届二中全会明确提出要改革工商登记制度，十二届全国人大一次会议审议通过《国务院机构改革和职能转变方案》中将改革工商登记制度作为国务院机构职能转变的一项重要内容，指出该放的权力坚决放开放到位、该管的事必须管住管好，重视事中、事后的监管，坚决贯彻“宽进严管”。市场主体登记管理的改革自此驶入快车道，对市场准入制度“宽进”发展到了新的阶段。党的十八届三中全会又进一步提出推进工商注册制度便利化，削减资质认定项目，由“先证后照”改为“先照后证”，把注册资本实缴登记制逐步改为认缴登记制，进一步便利了市场主体的进入。

我国在市场准入方面虽取得阶段性成就，但仍然存在不少束缚市场经济主体活力、阻碍统一大市场进程的问题。一是立法分散，针对不同的市场主体有不同的立法规范，导致登记管理法律体系零散，不利于为市场主体提供清晰指引；二是制度规则不统一，在市场主体登记事项、登记程序、监督管理、法律责任等方面差异较大，规定之间存在重叠问题，因此提升制度规则的系统性、科学性成为亟需解决的问题；三是内容相对滞后，没有贴合当前实际，特别是与近年来深化商事制度改革、继续大力简政放权、强化事中、事后监管、扫除妨碍创业创新的制度羁绊的要求相比还有较大差距①。

相关决策部门为回应现行市场主体登记管理制度逐渐暴露出的一些与新时期市场主体发展不适应、不协调的问题，完善统一的市场主体登记立法势在必行。为了更好地推进法治化市场建设、维护良好市场秩序和市场主体合法权益②，我国先后出台了《中华人民共和国公司登记管理条例》《企业法人法定代表人登记管理规定》等多部规范市场主体登记管理的行政法规。于2021年4月国务院第131次常务会议通过《中华人民共和国市场主体登记管理条例》，并于2022年3月起实施，此时，《中华人民共和国公司登记管理条例》《中华人民共和国企业法人登记管理条例》《中华人民共和国合伙企业登记管理办法》《农民专业合作社登记管理条例》《企业法人法定代表人登记管理规定》同时废止③。

由于我国原有的市场主体登记法律法规不统一，登记程序和标准杂乱，市场主体登记规则冲突不在少数。聚焦于“登记难、办证难、注销难”等问题，《中华人民共和国市场主体登记管理条例》（以下简称《条例》）第一次整合了我国所有市场主体登记规范、管理规则。《条例》针对登记注册的程序和标准不统一、办照容易办证难、注销流程烦琐等企业和群众办事创业的难点堵点，着眼市场主体的全生命周期，降低市场主体制度性交易成本，进一步激发市场活力、促进创业就业④。总之，全面统一

---

① 襄州市市场监督管理局，解读《市场主体登记管理条例》，2022. http：//xiangfan. kjzxfw. com/zhengcexinxi/index/detail/_AD4ONzAk_j_N. html.

② 国家级聊城经济技术开发区，解读《中华人民共和国市场主体登记管理条例》，2022. http：//www. lckfq. gov. cn/kfqxxgk/qzfbmxxgk_4507/xzspfwb/202201/t20220107_3832623. html.

③ 《中华人民共和国市场主体登记管理条例》，2022. http：//www. xinpu. gov. cn/zfbm/qscjdglj_5733566/zcwj_ 5733537/202203/t20220331_73198955. html.

④ 中华人民共和国国务院新闻办公室，市场主体登记管理条例出台将带来哪些利好？2021. http：//www. scio. gov. cn/32344/32345/44688/46656/46663/Document/1711200/1711200. htm.

各类市场主体的登记制度，为市场主体平等准入、自由迁移和便捷退出提供了基础性的制度保障。

之后为了加快提升市场主体登记规范化水平，中共中央和国务院出台的《关于加快建设全国统一大市场的意见》（以下简称《意见》）明确在经营范围、资格清单等方面作出统一表述，指出要依法开展市场主体登记注册工作，建立全国统一的登记注册数据标准和企业名称自主申报行业字词库，逐步实现经营范围登记的统一化；制定全国通用性资格清单、统一规范评价程序及管理办法，全面提升全国互通互认互用效力。《意见》所强调的登记管理制度，降低了制度性交易成本，进一步优化了市场的营商环境。

以上种种措施都旨在说明统一的登记管理制度可以保障市场主体进退自如、激发更大的市场活力。在市场主体准入方面，对登记主体、登记程序、登记备案事项、登记规范四个方面的内容进行了统一规定，有效提升登记注册的便利程度。如对市场主体普遍需要的登记事项进行统一规定，同时结合不同市场主体的特点进行了补充规定。在市场主体退出方面，进一步完善了市场主体的注销制度，最大限度地解决市场主体退出遇到的最为困难的“注销难”问题，这有助于充分发挥优胜劣汰的市场机制、极大释放社会资源。

最后，市场主体登记管理制度是市场主体开展经营活动的基础性制度，事关市场主体合法权益保护、市场秩序维护以及营商环境持续优化，是公私两济的共赢举措。具体来看，于市场经济主体而言，缩减了其“跑来跑去、改来改去”的时间成本，降低了市场主体制度性交易成本；同时完善统一的登记改革制度大幅度减少了不同市场主体被差别对待现象的出现频率。另外简易的注销方式大幅度降低了市场经济主体的退出成本，极大减少了市场上“僵尸企业”的数量，节约了社会资源。于市场或政府等宏观主体而言，统一的市场主体登记管理制度有助于进一步激发市场活力、促进创业就业、增加社会投资、推进大众创业和劳动力就业，并且有助于壮大市场主体规模、完善信用体系建设，更进一步可以为有关部门出台相关帮扶政策措施提供制度基础。

第三节　蹄疾步稳：精准落实市场准入体系的“严管”

蹄疾步稳，方能行远。“公平的准入，公正的监管，是鸟之两翼，不可偏废。”宽进之后，严管不可缺位。“宽进”是完善我国社会主义市场经济主体制度的根本要求，也是建立市场自由公平竞争秩序的内在要求。但在对市场进行“松绑”的同时，也必须精准落实市场准入体系的“严管”。“严管”，即“严格监管”，是政府通过一系列严格的监管措施，亮明市场红线，努力实现准入与监管的统筹配套，不断强化事前、事中、事后全方位管理，做到宽严相济、相得益彰，以营造一种既充满自由、活力，且不乏秩序、规则的市场环境。

一、市场红线：清单治理点亮市场的“交通灯”

清单治理在现代社会具有不可比拟的优越性，如整合信息、方便信息获取等[①]，被广泛运用于国家治理的各个领域。所谓清单，就是将具体事项通过条目形式列举出来。以其为核心工具开展治理探索，将复杂的治理手段、措施、规则在清单上集成，使治理效果更具整体性，即为清单治理。为了厘清中国政府、市场与社会三者之间的关系，实现国家治理的“善治”与“现代化”，李克强总理提出了三张清单——“权利清单、责任清单、负面清单”[②]。其中市场准入的负面清单是较为独特的一张清单，是中国国家治理的一次制度创新实践。

市场准入负面清单制度是指国务院以清单方式明确列出在中华人民共和国境内禁止和限制投资经营的行业、领域、业务等，并由各级政府依法

---

① 付建军. 当代中国公共治理中的清单制：制度逻辑与实践审视 [J]. 当代世界与社会主义，2016 (05)：166 - 174.

② 陈升，等. 市场准入负面清单：理论、实践与前瞻 [M]. 北京：中国社会科学出版社 2018.

采取相应管理措施的一系列制度安排。市场准入负面清单落脚于具体“制度”，其运行机制的核心在于“非禁即入”的理念，清单通过穷尽式列举禁止和限制市场主体进入的领域，来实现对法无禁止的“法律沉默空间”（空白地带）的清晰界定①。清单中明确规定禁止准入与限制准入两种类别，对禁止准入事项，行政机关不得予以审核及办理手续，对于限制准入事项，在满足限定条件或经过主管部门审核批准后才能允许进入，而对于清单以外的领域，行政主管部门不再进行审核，各类市场主体均可自由平等进入。不论是“宽松上限，严格下限”还是“鼓励竞争，明确边界”，都深刻凸显了新常态下治理方式的新思路以及国家治理的“有所为”和“有所不为”。

在中国经济社会持续发展、社会形势愈加复杂、市场管理难度日益增大的背景下，市场准入负面清单制度是我国对统一的市场准入管理前所未有的尝试，通过“一单尽列”的方式，做到了“一网打尽”，不仅清晰地表明了市场准入的红线所在，又明确地给市场主体点亮了市场的“交通灯”②。

专栏 4-6　负面清单的历史渊源

负面清单最早产生于1834年德意志关税同盟建立时，各同盟邦国签订了关税协定③，该协定对不开放、不取消的例外情况加以列明。“二战”后，负面清单模式得以推广并被人们广泛接受。当时，美国在与其他国家签订的友好通商航海条约中就采用了负面清单的模式。直到20世纪80年代，负面清单的内容开始以协定附件的形式出现，美国对外缔结的双边投资协定和自由贸易区协定的投资章节中，均含有负面清单。

在国外负面清单广泛应用之后，国内的负面清单制度也开始经历

① 王利明．负面清单管理模式与私法自治［J］．中国法学，2014（05）：26-40.

② 陈升，等．市场准入负面清单：理论、实践与前瞻［M］．北京：中国社会科学出版社，2018.

③ 协定内容是：同盟各邦国之间的贸易免税、对国外贸易、废除内地关税、统一关税制度和税率等。

漫长的探索。我国于2008年启动中美双边投资协定谈判，在经历九轮商谈之后终于在2013年7月第五轮中美战略经济对话中取得突破性进展，即我国同意以准入前国民待遇和负面清单为基础与美方进行投资协定谈判①。这次谈判是我国在对待外资上首次运用负面清单模式，使得我国负面清单的管理模式逐渐向国际靠近②。2013年9月27日，国务院发布了《中国自由贸易试验区总体方案》，提出要“探索建立‘负面清单’的管理模式”。通过在上海自贸区的试点，我国进入了外资准入负面清单时代。第十八届三中全会通过的《关于全面深化改革若干重大问题的决定》中提出实行统一的市场准入负面清单制度，将负面清单的概念从投资引入了国内的经济治理，这是在制度方面的重大创新，也促使负面清单迅速成为国内官员、学者、媒体、大众密切关注的对象③。

2015年，国务院发布的《关于实行市场准入负面清单制度的意见》建立健全了与市场准入负面清单制度相适应的准入机制，按照先行先试、逐步推开的原则，提出在部分地区试行市场准入负面清单制度，同时形成了《市场准入负面清单草案（试点版）》，表明我国负面清单制度进入试验阶段。此后，将天津、上海、广东、福建四个省市作为试点，根据各省市改革的进展情况以及突出问题来检验《市场准入负面清单草案（试点版）》的合理性与可行性，探索准入制度的新机制、新方向。

2018年，负面清单制度进入全面实施阶段，即负面清单制度已经从上海自贸区推广到十二个自贸区，全国正式实行统一的负面清单制度，这有利于我国形成统一、开放和竞争有序的市场，更近一步达成

① 陈朝兵．“负面清单”管理在我国的缘起、应用价值与推广路径［J］．现代经济探讨，2015（08）：20－24.

② 经济参考报，中美“负面清单”谈判破局投资准入权开放堪比入世，2013，https：//www. yicai. com/news/2856988. html#：～：text.

③ 于宏伟，李静．负面清单制度的发展与完善［J］．中国发展观察，2014（03）：35－36.

市场准入领域的统一管理方式。2019 年 3 月，我国历史上具有开辟意义的《外商投资法》从立法层面确立了准入前国民待遇加负面清单制度，将禁止和限制外国投资的领域以清单方式列出，这一体制提高了投资环境的开放度与透明度，体现了负面清单制度在保护、吸引外资方面取得的成效。

二、深耕厚植：稳步开展市场准入效能评估

为顺应高质量发展的新时代要求，从根本上实现市场准入的开放有序和秩序规范，需要建立健全统一的市场准入负面清单制度，而市场准入负面清单的实施过程是需要严格监管的。因此，根据“一案一核查，一案一通报”的原则，定期收集违反有关“统一性”规定的案件，并对案件进行通报。同时，我国还将有关违反负面清单制度的情况纳入全国城市信用状况动态监测，并在国家发展改革委门户网站和“信用中国”网站向社会公布，通过市场性和行业性等惩戒措施多管齐下，社会力量广泛参与的失信联合惩戒方式，依法依规加强对失信主体的惩戒[①]，为市场准入负面清单的实施保驾护航。

专栏 4 -7　违背市场准入负面清单的案件类型

1. 地方政府和有关机构设置市场准入隐性障碍

2021 年湖北省黄冈市有关部门在没有法律法规依据的情况下，要求招标机构在市区具有固定场所，并提供自有房产证或租用房产协议等材料，以此来限制外地企业进入本地市场[②]。这一行为损害了市场

① 国家信息中心中经网．城市信用状况监测 推动社会信用体系建设显实效［J］．中国信用，2020（02）：68 -72.

② 中华人民共和国国家发展和改革委员会，国家发展改革委办公厅关于 2022 年第一季度违背市场准入负面清单典型案例的通报。

的公平竞争，会极大地限制黄冈市市场主体的创新创造活力。

在整改下，黄冈市城市管理执法委员会废止了相关文件，全面废除妨碍统一市场和公平竞争的各种规定，特别是对“一事一议”的通知公告审查不细或漏审的问题进行了认真整改。除此之外，还对已出台的政策措施进行了全面清理，确保措施的公平。

2. 市场主体非法进入负面清单禁止或者限制的行业

2022 年广西壮族自治区柳州市体育行政部门发现，三家场馆未获得“经营高危险性体育项目许可”审批，便将游泳、攀岩等项目私自对外营业[①]。这一行为增加了市场的主体负担，会使市场主体丢失更多的主动权，也不利于市场的有序发展与秩序规范。

柳州市体育行政主管部门执法队伍已经勒令这三家场馆暂时停业整顿，在获批《经营高危险性体育项目许可证》之前不可开放场内项目，并指导有意向经营高危性体育项目的场馆办理有关许可，引导其成为合规市场经营主体。

3. 地方政府及有关机构违背负面清单禁止或许可准入类事项，要求进行审批

2021 年内蒙古自治区乌兰察布市集宁区的大量不动产登记业务超过办理，仅一个月就超期近千条。但若向中介缴纳 500 元至 1000 元后找内部工作人员即可在 2 天至 3 天内取得不动产权证。此外，还存在网签备案前置情况，在登记过程中增设前置条件，缮证之后还有检查环节[②]。这些情况都将大大削减市场的准入透明度，提高市场主体进入市场时的经济成本、时间成本和潜在风险。

经整改，乌兰察布市集宁区及时办理积压的不动产登记业务，全面取消部分地区违规设置的网签备案前置条件。扩展查询服务范围，

---

① 中华人民共和国国家发展和改革委员会，国家发展改革委办公厅关于 2022 年第一季度违背市场准入负面清单典型案例的通报。

② 中华人民共和国国家发展和改革委员会，2021 年第四季度违背市场准入负面清单典型案例。

> 增加专业人员，开通网上预约，延长服务时间，开启超时预警，进一步提升服务质量和效率。

负面清单制度是加快完善社会主义市场经济体制的重要市场基础制度，也是推进全国统一大市场建立健全的“加速器”。而市场准入效能评估体系作为负面清单的配套措施，就如同“体检”项目，其是指各地发改委根据当地实际情况，运用科学方法，评估各区域市场准入的实际效能，并全面准确地分析其成绩和问题的一项制度。稳步推行市场准入效能评估体系是新形势下进一步落实严管，建立诚信经营、公平竞争的市场环境的有效手段，也是强化机构工作监督的重要措施，对构建统一大市场具有不容忽视的现实意义。

市场准入效能评估体系的构建并不是一蹴而就、立竿见影的“百米跑”，而是稳步推进、久久为功的“马拉松”。特别是在当前既缺乏国内实践经验，又没有国外经验支撑的时代背景下，市场准入效能评估体系的建立需要稳步推进，按照先行先试、稳妥有序的原则，选取部分地方作为试点，积累经验、完善制度，再进行复制推广，着力推动评估指标体系由“一地一域”向“燎原成势”的拓展，最终统一在全国推行。

在落实负面准入清单制度与提高市场准入效能的驱动下，国家发改委选取福建、云南、宁夏、江苏四省（区）作为市场准入效能评估第一批试点，主要任务为科学构建评估指标体系、组织各级市、县开展试评估。其中，云南省取得了良好成效，并在第四次数字中国建设峰会数字城市分论坛上与其他省市分享了先试先行的“云南经验”。具体而言，云南发改委牵头组建市场准入效能评估组，基于本省省情，从制度落实、市场准入、建立长效机制三个层面入手，构建了一个科学的指标体系，其中包括 4 个一级指标、8 个二级指标、22 个三级指标。一级指标按制度的事实效能划分为准入效能、服务效能、保障效能和发展效能四个维度。对于准入效能，以清单措施透明情况、隐形壁垒工作情况、网上办理便捷情况衡量市场准入负面清单的落实效能；在服务效能板块，通过对省市县各级行政部门的服务方式完备情况与清单宣传完成情况评估服务的时效性；在保障效能板块，衡量制度机制的完成情况与问题机制的完善情况，验证制度的可操作性与有效性；而发展效能则反应了市场主体的感受情况。此次试评估工作不仅切实提高了各级政府落实工作的积极性，分析出全省 16 个州和 129 个县的市场准入效能评估方面的成绩和问题，检验了评估指标体系的效能，还建立了“明确工作机制 + 自行开发系统 + 第三方专业服务机构共同参与 + 评估流程标准化 + 结果反馈督促整改落实”的评估管理工作流程[①]，在省内实现了对妨碍统一大市场建设规定和实际情况的自查清理，进一步破除了市场准入的隐性壁垒，为云南省推进“放管服”改革向纵深发展，持续优化市场营商环境，助力新旧动能转化，焕发市场主体活力提供了强有力的支撑。

表 4－1　　云南省市场准入效能评估指标体系

一级指标		二级指标		三级指标		
指标名称	权重	指标名称	权重	序号	指标名称	权重
准入效能	40%	清单措施透明情况	50%	1	禁止准入措施覆盖率	35%
				2	许可准入措施覆盖率	35%
				3	许可准入措施细化率	30%
		隐性壁垒工作情况	25%	4	隐性壁垒工作机制	45%
				5	隐性壁垒工作成效	55%
		网上办理便捷情况	25%	6	许可准入网上办理率	50%
				7	许可准入一网通办率	50%
服务效能	25%	服务方式完备情况	45%	8	清单公开便捷查询	30%
				9	清单咨询方式完备率	35%
				10	专题培训调研服务	35%
		清单宣传完成情况	55%	11	宣传工作开展	30%
				12	宣传地区覆盖率	35%
				13	市场主体知晓度	35%

① 市场准入效能评估工作组．市场准入效能评估工作说明（云南试点）．2021 年 9 月．http：//jkq. km. gov. cn/upload/resources/file/2021/09/29/2611445. pdf.

续表

一级指标		二级指标		三级指标		
指标名称	权重	指标名称	权重	序号	指标名称	权重
保障效能	15%	制度机制完成情况	40%	14	制度实施办法	25%
				15	监管机制建设	35%
				16	相关机制建设	40%
		问题机制完善情况	60%	17	问题反馈渠道	25%
				18	问题台账统计	35%
				19	问题追溯回访	40%
发展效能	20%	市场主体感受情况	100%	20	工作落实满意度	25%
				21	政府信用满意度	25%
				22	市场公平满意度	50%

数据来源：市场准入效能评估工作说明（云南试点）。

此外，国家发改委在第一批试点经验的基础上，将北京、河北、上海、浙江、安徽、广东、重庆确定为第二批市场准入效能评估试点，进一步完善市场准入负面清单制度。重庆市以此为契机，积极展开探索实际，创建了具有当地特色的指标体系。首先，重庆市在国家发展改革委、国家信息中心指导下，结合当地实际，聚焦市场准入负面清单制度是否全面有效落实、许可准入事项办理是否便捷高效、违规问题投诉举报渠道是否畅通、落实情况是否满意等市场主体重点关切问题，建立了“制度落实覆盖度”“准入办理便捷度”“问题清查成效度”“市场主体感受度”四个维度27项试评估指标体系，并合理设置了各指标的评估权重，全面“诊断”市场准入服务效能①。其次，重庆市以信息化、数字化技术为手段，利用“渝快办”政府服务平台的优势，发挥其数据收集、分类、整合的功能，实现信息的自动采集；同时辅以“信用重庆”全流程线上平台，并在此网站上开设“市场准入负面清单和效能评估”专题，实现了负面清单事项的在线信息查询与效能评估，便捷高效征集了目前市场上存在的不合理限制

① 重庆市创新开展市场准入效能评估扎实推动“非禁即入”有效落实。重庆市人民政府：https：//www.cq.gov.cn/ywdt/zwhd/bmdt/202206/t20220624_10853171.html.

准入与隐性壁垒问题，为推进市场准入效能评估常态化进程夯实了坚实的平台基础。重庆市的另一个创新点在于注重市场主体的“参与感”与“体验感”。该市不仅在市场准入效能评估指标中设置了“市场主体感受度”这一维度，而且依托数字平台，让企业主体积极参与市场调查、反馈提交问题。据调查显示，平台上线以来，市场主体累计线上浏览3万多余次，参与问卷调查2957份，为市场准入效能评估提供了重要的信息支持[①]。

从上述的成效可见，市场准入效能评估体系在云南省和重庆市的成功实践，为后期评估指标落地全国奠定了坚实的理论基础，也充分论证了市场准入效能评估体系制度的可行性、优越性，证实了其由试点走向推广势在必行。

当前，为推进市场准入制度逐步成熟完善，国家发展改革委指出要进一步完善市场准入效能评估体系，持续提升市场准入效能，为建设高标准市场体系提供配套制度基础。下一步，我国将从以下三方面入手，逐步建构起完善的全国市场准入效能评估体系。其一是稳步扩大试评估范围。截至目前，我国市场准入效能评估试点范围仍比较狭小，只在云南、重庆、安徽等特定省域内取得了良好绩效，其他省内的试评估工作还处于起步阶段。因此，要逐步增加一些基础条件比较好、积极性较高的省份，逐步开展试评估工作，验证评估指标的科学性和可操作性。同时要遵循“边试点、边总结、边推广”的原则，认真总结试点地区的创新实践与先进经验，学习借鉴其好做法，以试点城市为鉴，结合本省市场准入的实际情况，不断拓宽思路，积极创新，完善机制，发挥试点地区的先锋带头作用，争取在条件成熟后，推动建立常态化评估工作机制，达成以评促学、以评促建、以评促改、以评促优，最终实现市场准入效能评估体系的全域覆盖[②]。其二是不断完善效能评估指标体系，主要涉及指标体系与区域的

---

① 申晓佳，桑瑶佳．重庆探索市场准入效能评估制度［N］．重庆日报，2022－08－16（006）．

② 市场准入效能评估工作组．市场准入效能评估工作说明（云南试点）．2021年9月．http：//jkq. km. gov. cn/upload/resources/file/2021/09/29/2611445. pdf.

契合问题。各地区在设计市场效能评估体系时，要考虑区域间的基础差异，按照行业、领域、区间等多种维度，对市场准入效能进行全方位、多领域、全过程的评估。此外，在优化指标体系过程中，还要充分考虑地方的特殊性，使效能评估指标充分体现针对性、差异性，形成具备地方特色、区域侧重的试点新格局。其三是推动信息化建设。21 世纪是信息化时代，市场准入效能评估指标体系也需以“数字为王”的思维推进，充分利用“数据中国”建设下信息化成果。在信息平台的支撑下，全国清单事项统一名称、统一代码，各部门间的“信息壁垒”“信息孤岛”的现象被打破，极大地提高了效能评估的工作效率；另外，各市场主体可以充分利用平台进行信息回馈，使指标体系更贴合市场、顺应市场。

科学的市场准入效能评估指标体系是推进市场严管，构建公开、透明、开放、依法的市场准入制度的重要保障。目前，我国营商环境仍存在市场准入质量参差不齐、缺乏评估手段、准入审批设定缺乏依据、市场主体获得感不强等问题。同时，市场准入隐性壁垒这项“玻璃门”，由于具有发现难、甄别难、破除难等特点，并未得到彻底消除，制约着我国市场环境提质增效的效率①。因此，稳步开展市场效能评估工作是新时期、新形势、新条件的迫切要求，只有按照“先试先行、稳妥有序”原则，在全国范围内开展评估工作，才能破除发展典型问题，充分释放市场主体的活力，建立高标准的市场体系；才能以科学高效的评估结果指导工作整改与政策制定，推动完善市场准入制度，营造良好的营商环境。

① 市场准入效能评估指标体系（云南试点版）昆明市五华区人民政府：http：//www.kmwh.gov.cn/c/2021-09-29/5430515.shtml.

第五章　天平上舞蹈：维护统一的公平竞争制度

公平竞争是市场经济的核心，是市场效率持续提升的动力源泉，着力消除影响公平竞争的各种因素，持续推动公平竞争，是培育壮大市场主体的前提。党的二十大报告强调要“加强反垄断和反不正当竞争，破除地方保护和行政性垄断，依法规范和引导资本健康发展”。建设全国统一大市场，营造各类市场主体公平竞争的市场环境是关键。在我国垄断行业规制改革过程中，构建公平竞争审查制度可以预防垄断行业不当规制行为与行政垄断行为的产生，确保垄断行业规制措施对市场竞争的影响是有界限的、适度的、必要的、合理的，实现竞争政策与其他经济政策的有机融合。

第一节　市场壁垒：公平竞争的阻碍因素

垄断是指经营者以独占或组织联合等形式，凭借经济优势或行政权力操纵或支配市场，限制或排斥竞争的行为。不正当竞争行为则是指参与竞争的各类主体违反竞争规则，损害国家利益、社会公共利益或消费者利益，牟取非法利益的行为，它包括限制竞争行为和违反诚实信用原则的行为。垄断导致竞争不足，而不正当竞争则带来过度竞争与无序竞争，二者均是公平竞争的阻碍因素。

一、自然垄断

垄断是指经济力高度集中的一种状态，一般表现为少数企业通过自身经济增长或通过合并等方式扩大规模形成对某一市场或某一行业的独占与控制，垄断组织凭借其强大的经济实力支配着市场，获取垄断利润，排斥市场有效竞争①。垄断是导致市场失灵的重要原因，反垄断是完善社会主义市场经济体制、推动高质量发展的内在要求。《关于强化反垄断深入推进公平竞争政策实施的意见》指出“强化反垄断、深入推进公平竞争政策实施，是完善社会主义市场经济体制的内在要求”。2022 年 3 月 25 日，中共中央、国务院印发实施《关于加快建设全国统一大市场的意见》，指出因市场主体或行政主体的各种垄断行为产生的分割市场、损害竞争和经济大循环等不良后果对于全国统一大市场的建设产生了明显的阻碍作用。

垄断又可以分为自然垄断与行政垄断。自然垄断（natural monopoly）的概念由 19 世纪英国古典经济学家约翰·穆勒在《政治经济学原理》中阐述地租时最早提出，是指由于特定行业市场的自然条件或原因而产生的垄断经营②。自然垄断不是通过政府管制人为地阻止其他厂商进入市场形成的，而是通过厂商间的价格和非价格竞争使处于劣势的厂商被击败并退出市场，潜在竞争者又因达不到市场现有的成本价格水平而无法进入所形成的③。对于自然垄断的判断标准包括以下三点：第一，该行业的现行市场为垄断或者寡头的不完全竞争市场。第二，形成上述市场结构的主要根源在于经济效率的优先考虑，即实现规模经济。第三，一个国家的法律对之必须持肯定的态度，包括明示和默示的肯定，即为国家垄断，尤其在我国，自然垄断行业承担了社会公共服务和政府调控的职能④。从结果角度来看，自然垄断往往带来效率经济，增加社会总体福利，目前我国的自然垄断行业主要集中在公共基础设施领域，如供水、供电、煤气、热力供

---

① 卢修敏，王家田．垄断、限制竞争行为、不正当竞争行为的区分及其对立法的意义［J］．中外法学，1995（04）：49－52.

② 陈嘉良．自然垄断行业引入竞争政策的价值分析［J］．山西财经大学学报，2011，33（S3）：35－41.

③ 于良春，于华阳．自然垄断产业垄断的“自然性”探析［J］．中国工业经济，2004（11）：32－39.

④ 叶蜜．论公平竞争审查制度在自然垄断行业中的适用［D］．湘潭大学，2019.

应、电信、交通运输（包括铁路、城市交通、海港、水运和机场）、环境卫生设施和排污系统、固体废弃物的收集和处理系统等。

尽管自然垄断是在规模经济与范围经济的影响下产生的合理合法行为，各国反垄断法也均承认"适用除外"原则，把自然垄断部分排除在反垄断之列，但随着社会市场经济的发展，其垄断特征仍然会导致诸多问题。Baumol 指出自然垄断企业同垄断企业在本质上是一致的，垄断企业所固有的垄断弊端在自然垄断企业里也都难以避免①。由于在理论上承认自然垄断企业的独家垄断地位，实践上也确实只许可自然垄断企业在政府规制下独家经营，从而否定了竞争存在的可能性。在政府行政壁垒的保护下，自然垄断企业的垄断弊端甚至比一般垄断企业更加明显和严重。

自然垄断所带来的不利影响主要包括市场优势地位滥用、收入差距拉大、损害消费者利益等②。我国自然垄断行业出现最大的问题是从垄断价格中获取巨额利润并引发社会工资分配不平衡等非议。2010 年 11 月 25 日，在第八届中国并购年会上，中国股权投资基金协会会长邵秉仁声称，目前七个垄断行业职工占全国职工人数的 8%，而工资和福利收入却占全国总额的 50% 以上，是造成收入不公的主要根源。由此引发社会收入贫富差距拉大，成为扩大内需、提升消费水平的严重阻碍，以及中国经济发展方式转变的巨大隐患。自然垄断也会导致行业经营效率低下，低效率的自然垄断行业对中国经济发展的破坏性，对广大消费者利益的强制剥夺性，对市场公平、公正、公开核心要素的伤害性逐步凸显，已有学者指出，自然垄断行业国有企业的生产率相对较低③。2010 年 5 月 17 日，中金公司的研究报告对中央政府鼓励民间投资的"新 36 条"作出评析。报告对中国各工业行业的全要素生产率（TFP）进行了分析，结果显示，2002 年至

---

① Baumol W J. On the proper cost tests for natural monopoly in a multiproduct industry [J]. The American economic review, 1977, 67 (5): 809 - 822.

② 张占江，徐士英．自然垄断行业反垄断规制模式构建［J］．比较法研究，2010（03）：38 - 53.

③ 韩胜飞，李文静，陈林．基于可竞争理论的中国自然垄断行业监管体制改革——以基础电信业为例［J］．人文杂志，2021（10）：30 - 40.

2008 年，各工业行业的 TFP 平均增速为 7.4%，对工业增加值的增长贡献率平均达 25.5%。与产业升级和出口结构升级相关的机械制造行业，以及与房地产和消费等内需相关的钢铁、水泥、仪表仪器、汽车、饮料等行业的 TFP 平均增速及其增长贡献率位居前列。国有垄断行业，如电力、热力的生产和供应、石油加工及炼焦等的 TFP 增速则差强人意，平均仅为 0.4%，对其工业增加值的增长贡献率也只有 2.8%，远低于非国有垄断行业 8.2% 和 35.4%[①]。此外，由于自然垄断企业自律性欠缺、自然垄断行业专业性更强而消费者地位处于弱势地位等原因，自然垄断还会对消费者权益产生较大影响[②]。

因此，继续在现有的自然垄断的框架内采取各种治理措施显然不能更有效地提高社会福利水平，在自然垄断行业引入竞争政策势在必行。目前西方国家纷纷在自然垄断产业引进竞争机制改革。党的十八大以来，自然垄断行业竞争性业务开放得到高度重视，我国自由垄断行业处于垄断向竞争过渡阶段推行“反垄断法与行业规制相辅相成”的制度模式，其目标是在确保规制的统一性、有效性的前提下，发挥各自优势，形成制度间的互补，最终实现规制效率的最大化。党的十八届三中全会报告中明确指出，“国有资本继续控股经营的自然垄断行业，根据不同行业特点实行网运分开、放开竞争性业务，推进公共资源配置的市场化”，党的十九届五中全会报告中再次明确强调，“推进能源、铁路、电信、公用事业等行业竞争性环节市场化改革”，这都体现出我国对自然垄断行业竞争性业务改革的持续关注[③]。2022 年 12 月，中共中央、国务院印发了《扩大内需战略规划纲要（2022—2035 年）》，提出持续释放服务消费潜力。实施宽进严管，对可以依靠市场充分竞争提升供给质量的服务消费领域取消准入限制。对电

---

① 陈嘉良．自然垄断行业引入竞争政策的价值分析［J］．山西财经大学学报，2011，33(S3)：35－41.

② 朱凌珂．论自然垄断行业侵犯消费者权益行为的成因与治理［J］．学术研究，2022(04)：66－69.

③ 黄昕，平新乔．行政垄断还是自然垄断——国有经济在产业上游保持适当控制权的必要性再探讨［J］．中国工业经济，2020（03)：81－99.

力、油气等行业中具有自然垄断属性的服务领域，根据不同行业特点实行网运分开，放宽上下游竞争相对充分服务业准入门槛。按照政事分开、事企分开、管办分离的要求，持续推进教育、科技、文化、卫生、体育等领域事业单位改革。

二、行政垄断

行政垄断（administrative monopoly）是指政府及所属部门凭借权力不正当干预、排斥或限制等妨碍市场公平竞争的行为①，在行政垄断存在的领域，公共权力取代市场机制完成资源配置过程②，直观表现为以上主体在要素获取、准入许可、经营运行、政府采购和招投标等方面对不同所有制企业区别对待。行政垄断是不合理的非经济性垄断③，即这种市场壁垒是由非经济因素或某种外生于市场的人为干预而形成的。行政垄断不计成本，也无须竞争，只要想方设法构筑进入壁垒，就能确保其既得利益。在同样的市场范围内，那些不受保护的企业即使效率更高或更有发展潜力，它们也无法进入与之竞争。行政垄断是我国经济体制转轨时期的特殊产物，其本质是借行政权力行市场行为，违背了依法行政原则，因此是非法的，不仅容易导致行政腐败的出现，更会造成市场竞争机制的扭曲，破除行政垄断是畅通国内大循环、促进各种关键要素自由流动和加快全国统一大市场建设的关键。

行政垄断的巨额利益容易滋生寻租空间，增加企业的管理成本④。“寻租”是寻求经济租金的简称，是为了获得和维持垄断地位从而得到垄断利润（即垄断租金）所从事的一种非生产性寻利活动。例如，部分政府部门通过设置收费项目使企业得到项目、特许权或其他稀缺的经济资源，是一

---

① 孟雁北．我国垄断行业规制行为之公平竞争审查问题研究［J］．价格理论与实践，2018（11）：25－29.

② 张伟，于良春．行业行政垄断的形成及治理机制研究［J］．中国工业经济，2011（01）：69－78.

③ 刘小玄，张蕊．可竞争市场上的进入壁垒——非经济垄断的理论和实证分析［J］．中国工业经济，2014（04）：71－83.

④ 杨继生，阳建辉．行政垄断、政治庇佑与国有企业的超额成本［J］．经济研究，2015，50（04）：50－61，106.

些既得利益者对既得利益的维护和对既得利益进行再分配的活动。寻租行为往往使政府的决策或运作受利益集团或个人摆布，这些行为是腐败和社会动乱之源，严重损害产业效率①。行政垄断根源在于行政权力的错位与越位，相关主体并非着力维护市场公平秩序与优化市场法治环境，而是不当干预市场秩序，谋求垄断利益，相关制度的监管和规制缺位更助长了这种风气，与普通市场主体相比，行政主体在滥用行政权力排除、限制竞争等方面具有绝对的压倒性地位②。

2018 年 2 月，北京市发展与改革委员会对房山区燃气开发中心涉嫌滥用行政权力排除、限制竞争行为进行调查。经查，房山区燃气开发中心负责房山区天然气工程建设、管理和经营等工作，承担着房山区燃气行业管理职能。该中心在开展燃气项目报装审批过程中，以直接委托、指定等形式，要求开发单位签订由房山区燃气开发中心提供的制式合同，限定开发单位选择房山区燃气开发中心下属企业从事施工建设。这种行为限制了开发单位的自主选择权和其他具有资质施工企业的公平竞争权，违反了《反垄断法》第三十二条“行政机关和法律、法规授权的具有管理公共事务职能的组织不得滥用行政权力，限定或者变相限定单位或者个人经营、购买、使用其指定的经营者提供的商品”之规定，构成滥用行政权力，排除、限制竞争行为。从 2022 年 7 月开始，市场监管总局陆续发布《2022 年制止滥用行政权力排除、限制竞争执法专项行动案件》，案件涉及共享单车独家运营、限定体检机构等。2020 年 11 月 24 日，湖南省衡阳县卫生健康局等三部门联合出台《关于做好 2020 年全县机关事业单位在职公职人员定期健康体检工作的通知》，该文件规定：“县保健委通过审核、考察，遴选出 4 家具备体检资质的医疗机构作为承检机构。”湖南省市场监管局认为，上述行为排除、限制了该县域外其他具备体检资质的医疗、体检机构参与的机会，妨碍了该县体检市场的公平竞争，违反了《中华人民共和国反垄断法》

① 杨骞，刘华军．中国烟草产业行政垄断及其绩效的实证研究［J］．中国工业经济，2009（04）：51－61.

② 王学庆．垄断性行业的政府管制问题研究［J］．管理世界，2003（08）：63－73.

的相关规定。2021 年 3 月 10 日，湖南省市场监管局对衡阳县卫生健康局等部门涉嫌滥用行政权力排除、限制竞争行为进行了调查。调查期间，湖南省衡阳县卫生健康局等部门撤销了上述文件，恢复了该县体检市场公平竞争。

数字经济时代，随着人工智能、大数据的不断发展，创新数字技术为企业创造了新型垄断工具，带来了更大的市场不透明，垄断利润远超传统产业的平均水平，而且垄断者往往在很短时间内就从竞争者变身为市场权力的超级掌控者，引发经营者垄断行为以及不正当竞争行为，这给监管方带来了新挑战。数字经济中双边及多边市场的壮大，令反垄断政策同消费者个人隐私、公平交易等权益保护政策之间发生交互，如何兼顾企业发展与消费者权益是数字经济反垄断领域的重要问题①。近年来，北京知产法院受理的竞争垄断类案件数量增长明显，涉及领域、行业逐年扩张，案件类型也日趋全面。其中，2020 年受理竞争垄断类案件 184 件，2021 年达 306 件，增幅近 66%，预计 2022 年竞争垄断案件的收案数量将超过 500 件。相关案件中，涉及科技创新、数字经济等新领域、新业态、新模式的案件数量不断增加②。

如今，数据成为全新的生产要素，数据要素市场的核心在于各类数据产品和服务的供给，而数据产品和服务又均依赖于数据要素，因此一些企业通过增强对数据要素的控制，取得数据优势，进而借助数据优势排除、限制竞争。数据要素市场上的垄断行为目前主要有以下表现形式：（1）数据驱动型经营者集中。居于优势地位的企业基于获取数据的目的，通过合并、收购等方式兼并其他数据企业从而取得数据优势，进而形成垄断。这种集中一方面有助于数据企业获取其他企业的数据和技术，用于自身数据产品和服务的开发与优化，从而获得更多交易机会；另一方面能够减少数据要素市场上数据产品和服务的供给主体，从而减少竞争，巩固企业的竞争优势。（2）滥用市场支配地位。数据的集中会使企业拥有数据要素市场

---

① 陈兵．新发展格局下数据要素有序流通的市场经济法治建构［J］．社会科学战线，2022（01）：191－203．

② 北京知产法院发布竞争垄断十大典型案例．http：//news. sohu. com/a/530225605_120 133310.

的支配力量或优势地位，并产生潜在的滥用市场支配地位风险及危害。例如，一些大型平台企业借助自身数据优势采取拒绝交易、价格歧视等行为，打压对自身市场利益构成威胁的企业与消费者。

在我国市场有大到强的转变的当下，随着市场的逐渐开放和扩大，市场竞争越来越激烈，行政垄断与市场竞争如影随形。南华大学文法学院副院长罗万里指出：现行的经济管理体制中，行政权力管束经济的责任太大，导致经营者只有依附权力，才能在市场中获得资源。在我国市场经济还处在发展阶段、公共资源市场配置程度不高的条件下，打破行政垄断和尽可能地减少行政管控是解放生产力的重要因素，让权力之手有序退出市场资源配置，助推优化营商环境，努力为各类市场主体投资兴业创造更加公平竞争的市场环境，提供更加广阔的发展空间，是下一步推进市场经济改革的重点。

三、不正当竞争行为

从理论上进行区分，不正当竞争行为的产生，往往是由于市上同行业经营者数量众多，竞争激烈导致一些经营者采取道德低下的竞争手段，如仿冒、混淆、诋毁、虚假宣传、侵犯他人商业秘密等，这是竞争过度的表现；而垄断行为的产生则在于市场竞争不足，由于某些经营者因其规模巨大而获得了单方面决定交易价格以及其他交易条件的地位或能力，并借此盘剥交易对手、排挤竞争者，或者多个经营者通过不正当的联合行为（卡特尔）来寻求对某个市场的控制地位或能力，包括垄断协议或联合限制竞争行为、滥用市场支配地位行为、经营者集中或企业合并等。从法学角度分析，《反垄断法》的核心理念如下：具有支配地位的企业不应该被允许利用其经济力量扭曲市场过程，以此获利并以损害消费者和竞争者为代价。《反不正当竞争法》则更为关注经营者的竞争手段是否符合商业道德或者善良风俗[①]。在实践中，不正当竞争行为与垄断行为往往存在交叉领

---

① 李胜利．反不正当竞争法与反垄断法的关系：突然现状与应然选择［J］．社会科学辑刊，2019（03）：164－169.

域，许多情境下的企业行为既属于垄断行为，也属于不正当竞争行为。

例如，部分企业、机构由于掌握着数据的实际使用权和处理权，为了在竞争中抢占先机，不择手段地攫取更多数据要素或阻止竞争对手获取数据，引发不正当竞争①。数据是数字经济时代的核心，数字经济以海量多样化实时动态数据为基础，以数据生产要素为核心，通过各类算法的设计与操作，创造多元化动态的市场价值，这使数字经济活动具有隐蔽性，也导致数据要素市场上出现了一些不正当竞争行为。

例如，非法获取竞争对手的数据，主要是在不符合授权同意等法定程序和条件的情况下抓取竞争对手的数据。2018 年我国首例涉及大数据产品权益保护的新类型不正当竞争案件是淘宝诉美景公司大数据产品侵权案。淘宝公司开发的“生意参谋”数据产品能够为淘宝、天猫店铺商家提供大数据分析参考，帮助商家实时掌握相关类目商品的市场行情变化，改善经营水平，安徽美景信息科技有限公司系“咕咕互助平台”的运营商，其以提供远程登录已订购淘宝数据产品用户电脑技术服务的方式，招揽、组织、帮助他人获取涉案数据产品中的数据内容，从中牟利，该行为属于“非法数据抓取”，最终，法院认为美景公司未付出劳动创造，将涉案数据产品直接作为获取商业利益的工具，构成不正当竞争，判令美景公司停止侵权并赔偿淘宝公司经济损失 200 万元。北京航空航天大学法学院教授龙卫球指出，本案作为首家互联网法院数据产品第一案，不仅明确维持了借用反不正当竞争的司法实践，而且对于数据产品的保护，虽然立足反不正当竞争法，却又有几个新的发展：其一，实际朝向承认数据产品主体的新型财产权迈进了一步。本案对于涉案数据产品使用了“享有竞争性财产权益”的界定表述，这是前所未有的。其二，在论证保护理由时，不仅进行了反不正当竞争的一般论证，还特别强调了原告付出了人力、物力、财力，经过长期经营积累而形成该数据产品，以及被告的行为构成据他人劳动成果为己牟利的行为，属于不劳而获，如不加禁止将挫伤大数据产品开

---

① 王世强．数字经济中的反垄断：企业行为与政府监管［J］．经济学家，2021（04）：91－101.

发者的创造积极性，阻碍大数据产业的发展。

再如，非法阻止竞争对手获取数据，主要是通过设置交易障碍、市场壁垒和网络屏蔽等违法方式阻碍竞争对手获取数据。例如，竞价排名，其本质是一类广告，但区别于消费者被动接受的传统广告，竞价排名作用于消费者的主动搜索过程，直接影响消费者判断。理论上，竞价排名存在积极作用，有助于提升消费者需求与产品企业的匹配度，降低消费者信息搜集成本，平台企业也从中获利，形成交易效率提升的"三赢"局面。然而，现实中竞价排名可能导致供需错配，导致消费者权益受损，出现"劣币驱逐良币"现象。

数字经济时代，企业可以搜集获取消费者信息，分析消费者购买行为，整合消费者特征数据，实现对消费者的高精度画像，以此进行差异化定价，这种通过大数据技术对熟客进行价格歧视的现象被称为"大数据杀熟"。"大数据杀熟"这一概念在2018年进入大众视野，并在当年的十大消费侵权事件中占据一席，2018年因此被称为"大数据杀熟"元年。经济学将价格歧视划分为三类：垄断经营者完全获得消费者个人信息后向每个消费者收取其最高支付意愿的一级价格歧视；以数量折扣为代表的二级价格歧视；以客户群体分类为代表的三级价格歧视①。大数据杀熟结合了多种价格歧视特征：第一，企业通过大数据技术对消费者进行精准画像，获取其支付意愿信息，因而拥有采取一级价格歧视的便利。但数字经济市场竞争均衡结构具有自然寡头倾向②，参与企业大多因面临市场竞争而不能成为垄断者，即使能够获悉消费者最高支付意愿也因竞争而无法将价格定为这一水平，因此，大数据杀熟具有一级价格歧视的特点，但并非完全相同。第二，由于涉及对消费者群体进行分类，大数据杀熟也兼具三级价格歧视的特点③。大数据杀熟会对市场竞争秩序产生不利影响，严重损害消

---

① Katz M L. Price discrimination and monopolistic competition [J]. Econometrica: Journal of the Econometric Society, 1984: 1453 - 1471.

② Economides N. Antitrust issues in network industries [J]. The Reform of EC Competition Law: New Challenges, 2010: 343 - 376.

③ 王世强. 数字经济中的反垄断：企业行为与政府监管 [J]. 经济学家，2021 (04): 91 - 101.

费者权益。在消费者投诉平台“黑猫投诉”的相关投诉中，“同一账号”“价格不同”“同一时间”“朋友”“家人”等词出现较为频繁，这表示许多消费者在进行商品价格对比后发现自己的价格高于他人，认为平台存在“区别对待”的情况①。

图 5-1 “黑猫投诉”平台关于“同物不同价”的投诉内容词云

图片来源：上观新闻。

---

① 上观新闻. 双十一再遇先涨价后降价？5 年近八千条投诉信息，厘清“大数据杀熟”之谜. https://www.shobserver.com/staticsg/res/html/web/newsDetail.html? id = 546404&sid = 67 [EB/OL]. [2022-11-07]

平台“二选一”行为也是典型的新型垄断行为之一。“二选一”是指具备优势地位的电商就是指具备优势地位的电商平台以强制或暗示手段，要求合作商家只能入驻自己的平台，不能同时入驻竞争对手的平台。在激烈的竞争中，平台经济领域强制“二选一”损害竞争、创新和消费者利益的行为频发，引发社会各方面广泛关注。对平台内其他经营者来讲，“二选一”的垄断行为限制了平台内其他经营者开展经营活动，使得其他经营者的收入减少，阻碍了市场竞争；对于消费者来讲，这种垄断行为限制了消费者的自由选择空间，使消费者无法获得优质的价格和服务，严重损害了消费者的利益；对于整个市场来讲，它阻碍了要素的自由流动，妨碍资源的优化配置，影响了整个平台的创新发展。2020 年 12 月，阿里巴巴集团因“二选一”垄断行为被罚 182. 28 亿元：经查，阿里巴巴集团在中国境内网络零售平台服务市场具有支配地位。自 2015 年以来，阿里巴巴集团滥用该市场支配地位，对平台内商家提出“二选一”要求，禁止平台内商家在其他竞争性平台开店或参加促销活动，并借助市场力量、平台规则和数据、算法等技术手段，采取多种奖惩措施保障“二选一”要求执行，维持、增强自身市场力量，获取不正当竞争优势。这种行为限制了中国境内网络零售平台服务市场的竞争，妨碍了商品服务和资源要素自由流通，影响了平台经济创新发展，侵害了平台内商家的合法权益，损害了消费者利益，构成《反垄断法》第十七条第一款第（四）项禁止“没有正当理由，限定交易相对人只能与其进行交易”的滥用市场支配地位行为。根据《反垄断法》第四十七条、第四十九条规定，2021 年 4 月 10 日，市场监管总局依法作出行政处罚决定，责令阿里巴巴集团停止违法行为，并处以其 2019 年中国境内销售额 4557. 12 亿元 4% 的罚款，计 182. 28 亿元。阿里巴巴集团“二选一”垄断案件是我国平台经济领域第一起重大典型的垄断案件，该案的调查处理显示出国家在鼓励和促进平台经济发展的同时，强化反垄断监管，有效预防和制止平台企业滥用数据、技术和资本等优势损害竞争、创新和消费者利益的行为，规范和引导平台经济持续健康创新发展。

算法共谋是另一种新型垄断。数字经济下相关市场上的经营者通过输入市场数据，借助相同或者类似的算法，即可在无须联络的情况下共同作出使彼此都能获益的经营决策，联合消除竞争，并借助数据的反馈机制，联合限制、排除偏离协议的其他经营者，由此达成并巩固垄断协议，实现排除、限制竞争的目的。目前这些行为在我国表现尚不明显，但已初露端倪。例如，2018 年的滴滴收购优步中国、2020 年的微信封禁飞书等，都是数据要素市场影响较广、社会关注度较高的事件，虽未遭受监管机构的禁止，但都存在是否构成垄断行为的争议。

2021 年 2 月 7 日，国务院反垄断委员会制定发布《国务院反垄断委员会关于平台经济领域的反垄断指南》（以下简称《指南》），共六章 24 条，包括总则、垄断协议、滥用市场支配地位、经营者集中、滥用行政权力排除限制竞争和附则等内容。《指南》明确，认定平台经济领域滥用市场支配地位行为，通常需要先界定相关市场，分析经营者在相关市场是否具有支配地位，再根据个案情况分析是否构成滥用市场支配地位行为，并逐一细化了滥用市场支配地位行为表现形式。

第二节　释放活力：市场主体活力充分迸发

构建良好的公平竞争环境，一方面要从根源出发，深刻理解阻碍公平竞争的诸多因素，另一方面要壮大公平竞争的最核心要素——市场主体，市场主体是我国经济活动的主要参与者、就业机会的主要提供者、技术进步的主要推动者，在国家发展中发挥着重要作用，公平的市场竞争环境之于市场主体，就像阳光、水和空气之于动植物，须臾不可缺少，市场环境的优劣也要靠各市场主体来维护。

一、市场主体

市场主体（Market Entity）是具有独立的产权、享有自主经济活动的权利并承担相应责任、具有自身经济利益并努力使其最大化的自然人和法人。市场主体的三大内涵为：产权独立、自主决策和追求自身的最大经济利益①。市场主体既包括营利性机构，也包括非营利性机构，如工厂商超公司店铺等各类型大中型及中小微企业及个体户等，企业、居民和其他非营利性机构都属于市场主体的要素。市场主体根据规模及特征可以分为三类，即公司及企业、农民专业合作社、个体工商户。根据市场监管总局的统计，截止到2022年8月底，登记在册的市场主体达到1.63亿户，相比于2012年年底的5500万户，净增超1亿户，年平均增幅12%。其中，企业从1300多万户增加至5100多万户，接近美国和欧盟企业数量之和；千人企业数由11.4户提升至36.1户；个体工商户从4060万户增加至1.09亿户，迈上历史新台阶；农民专业合作社由原来的不足70万户增长至222.5万户，增长了2倍多（见图5-2）。在“两个毫不动摇”方针的指引之下，我国多种所有制市场主体竞相发展，截至2022年8月底，我国民营企业从2012年年底的1000多万户增长到4700多万户，翻了两番多，民营企业占比由不足八成提高到九成多。不仅在数量上有所增加，民营企业的整体实力也大为增强，不断有民营企业进入世界500强。

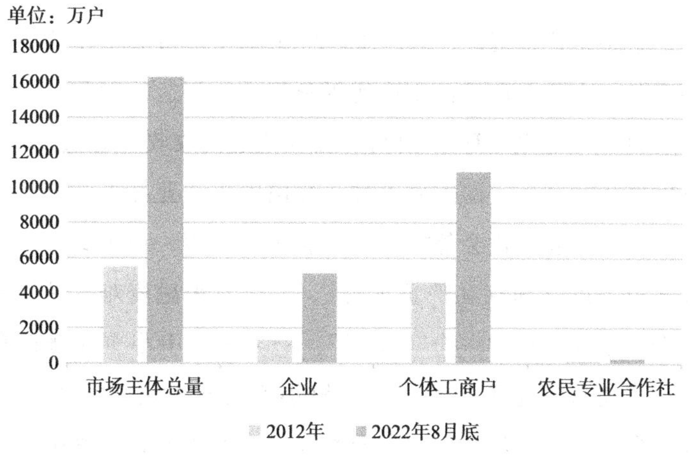

图5-2　2012年至2022年8月底市场主体数量统计

数据来源：市场监管总局统计数据。

---

①　程民选．市场主体的内涵与市场主体确立的基本条件［J］．中国经济问题，1994（05）：26-29.

2020年7月21日，中共中央总书记、国家主席、中央军委主席习近平在京主持召开企业家座谈会并发表重要讲话。习近平总书记强调，改革开放以来，我国逐步建立和不断完善社会主义市场经济体制，市场体系不断发展，各类市场主体蓬勃成长。新冠肺炎疫情对我国经济和世界经济产生巨大冲击，我国很多市场主体面临前所未有的压力。市场主体是经济的力量载体，保市场主体就是保社会生产力。要千方百计把市场主体保护好，激发市场主体活力，弘扬企业家精神，推动企业发挥更大作用实现更大发展，为经济发展积蓄基本力量。

二、市场主体面临“难题”

近年来我国的市场主体总体数量仍在不断提高，为稳定就业、推动经济社会的发展提供了坚实的基础。但是，市场主体始终面临着一些经营困境，尤其是近年来受疫情影响，我国各行各业都受到了巨大的冲击，许多市场主体在经营发展中也是苦难重重，面临着成本、产业链、市场等诸多压力。

第一，中小企业融资难、融资贵。中小企业是市场主体的重要组成部分，中小企业与企业总数量占比达到90%以上，创造的就业岗位达80%以上，贡献了60%以上的GDP，缴纳的税收超过税收收入总量的一半①，是促进经济发展和社会稳定的重要支柱。我国中小企业在提高市场效率、促进经济增长、创造就业机会等方面发挥着重要作用，但中小企业在获得金融支持及支持力度方面存在严重不足②，一直以来融资难、融资贵始终是制约中小企业生存发展的一个“魔咒”。一方面，中小企业普遍存在着自身治理结构不完善、竞争力不强、规模小实力弱、抗风险能力较低等问题，因此许多金融机构从贷款的安全性和效率性出发，在对中小企业进行贷款时都表现得十分谨慎，即许多银行会出现“惜贷”“恐贷”的现象，

---

① 韩凤芹，赵伟．中小企业融资困境：基于风险治理的解释与应对［J］．社会科学文摘，2020（10）：44－46.

② 曹永华．中小企业发展与金融支持［J］．中南财经政法大学学报，2006（04）：92－95.

尤其在受疫情影响的情况之下，企业更是无法保证获得稳定收益，这加重了金融机构对中小企业的不信任；另一方面，我国相对不完善的金融和法律体系也给中小企业的融资带来了阻碍，市场上缺乏为中小企业提供融资的金融系统以及金融机构，虽然《中小企业促进法》在一定程度上鼓励和扶持了中小企业的发展，但在实际执行过程中仍然会遇到许多问题。此外，金融机构与企业之间的信息不对称更是加剧了“融资难、融资贵”的现象。

久而久之，大量中小企业因为无法获得银行贷款而倾向于民间借贷，但是民间借贷的利息较高，缺少法律保障，容易使中小企业产生不良资产，阻碍了中小企业的发展。有些地区的地区融资差异化现象较为严重，一些欠发达地区由于地域低劣而很难获得融资，使得发展潜力较好的中小企业夭折。总体而言，融资问题仍然是制约中小企业快速发展的瓶颈。

第二，存在市场准入障碍。进入市场是能够参与竞争的第一步，若第一步受到重重限制，那么公平竞争也就无从谈起，市场进入的难易程度是衡量民营企业发展环境好坏的重要标志。尽管我国已经放宽民间资本进入市场的条件和限制，但是一些非制度性壁垒仍然使得部分企业难以进入市场，民营企业的公平竞争权因为没有政府和市场规则的支持而受到极大挑战，它们成为脱离政府和市场规则依靠的特殊群体①。首先，现存的法律制度缺乏对民营企业市场准入权的专门保护，对民营企业市场平等准入权行使的具体条件、程序规范、法律责任、救济方式以及效果评估制度等都缺乏清晰的规定②；其次，由于民企与国企在产权性质方面有本质性差异，国企与私企很难拥有平等的竞争地位，民企在进入市场时要比国企面临更多的市场壁垒，如地方保护主义、生产要素使用权的影响因素等；此外，市场上存在的一些垄断性行业使得新企业被排斥在外，难以生存，尤其是行政性垄断会严重扰乱市场经济秩序，阻碍了市场主体公平进入市场。

---

① 孔晶晶．民营企业公平竞争权的实现困境与法律保障［D］．2019：591－598.

② 赵树文．民营企业市场平等准入权立法保护的检视与重构［J］．甘肃社会科学，2022(05)：194－205.

第三，市场主体经营压力较大。营业收入与成本费用支出是企业经营的核心，近年来，受外部环境的影响，相比于国有企业，许多私营企业的营业收入与现金流的下降幅度更大、成本支出较多，企业的亏损不断增加，最终导致无法正常有效运营，加剧了企业生存危机。私营的经营成本压力主要来自两个层面：一方面，员工工资和“五险一金”是企业成本支出的最主要组成部分，企业生产经营需要缴纳税收、社保费、住房公积金以及其他一些收费项目，这些费用给企业带来了巨大压力；另一方面，企业生产经营需要承担不断上涨的原材料、工资、利息、租金等生产成本，特别是市场工资持续上涨和下游企业压低产品价格，让各企业的生存发展面临巨大压力①。国有企业也面临同样的困境，但是由于会获得政策以及政府的支持，他们的压力会相对较小一些，近年来虽然国家颁布了优惠政策来助力企业发展，但是许多私营企业仍是很难达到标准来受惠，相比之下，大型企业、国有企业会因为自身的优势而获利。受疫情影响，许多企业会由于停工停业而拖延生产进度，导致订单无法按时提交、原材料等供应链供给跟不上等问题，加之市场需求在一定程度上出现萎缩，直接对企业的营业收入造成不利影响，增加的成本费用和减少的收入给各私企带来了压力，使得他们在经营的过程中困难重重，不堪重负。

三、激发市场主体活力

在疫情反复冲击和逆全球化现象日趋严重的的背景之下，各国经济都受到了不同程度的冲击，各地、各行业都在不断完善各项宏观与微观政策，通过营造公平的竞争环境来帮助市场主体减轻负担，持续激发市场主体的活力。2021 年 4 月 14 日，国务院总理李克强主持召开国务院常务会议，通过《中华人民共和国市场主体登记管理条例（草案）》，为培育壮大市场主体和促进公平竞争提供法治保障；2021 年 8 月，国务院总理李克强

---

① 黄庆华，周志波，周密．新冠肺炎疫情对我国中小企业的影响及应对策略［J］．西南大学学报（社会科学版），2020，46（03）：56－68，201－202.

签署国务院令，公布《中华人民共和国市场主体登记管理条例》，自2022年3月1日起施行，这一条例规范了市场主体登记管理行为，推进法治化市场建设，维护良好的市场秩序和市场主体的合法权益，优化了营商环境；2022年9月26日国务院第190次常务会议通过《促进个体工商户发展条例》，这一条例鼓励、支持和引导个体经济健康发展，维护个体工商户合法权益，稳定和扩大城乡就业，充分发挥个体工商户在国民经济和社会发展中的重要作用，一系列的政策为公平的竞争环境提供了坚实的制度基础，可以帮助各市场主体应对疫情冲击，顺利渡过难关，对稳就业、稳金融、增强经济长期竞争力都具有重要意义。

商务部国际贸易经济合作研究院信用研究所联合天眼查发布了《中国市场主体发展活力研究报告（2022年上半年）》，报告首次建立了市场主体活力指数，共包括5个子指数，分别是发展活力指数、资本活力指数、竞争活力指数、创新活力指数以及信用活力指数。报告显示，2022年上半年，创业活力指数小幅下降，发展活力指数小幅上升，资本活力指数波动下降，创新活力指数小幅上升，信用活力指数显著上升，这反映出在经济下行压力较大的背景下，我国市场主体的巨大韧性和发展活力。但是与此同时，我国一些市场主体也面临前所未有的压力与挑战，稳就业保民生压力有所加大，在这种情况下，保护和激发市场主体活力非常必要而紧迫，核心工作如下。

（一）优化营商环境

营商环境是各市场主体在市场经济活动中所涉及的体制机制性因素和条件，一个地区营商环境的优劣直接影响着招商引资的多寡，同时也直接影响着区域内的经营企业，最终对经济发展状况、财税收入、社会就业情况等产生重要影响。2015年5月12日，国务院召开全国推进简政放权放管结合职能转变工作电视电话会议，首次提出了“放管服”改革的概念，“放”即简政放权，降低准入门槛，“管”即创新监管，促进公平竞争，“服”即高效服务，营造便利环境。这是党的十八大以后深化行政体制改革、推动政府职能转变的一项重大举措，这一措施减轻了企业的经济负担，提高了企业的办事效率，同时为优化竞争环境、培育和激发市场主体活力提供了制度保障，促进了经济的发展。李克强总理曾指出，“放管服”是处理好政府与市场关系的重大改革之举，对近几年扩大就业、推进转型升级、实现经济稳中向好起到了重要支撑作用。深化“放管服”改革、持续优化营商环境，是稳住经济大盘的内在要求，也是提振市场主体信心的重要举措。

一方面，“放管服”有效激发了市场主体活力和发展内生动力，这一政策通过减少行政权力的不当干预、优化行政权力的作用方式，提升市场活跃度，激发市场创造力，有效破除了影响市场交易的屏障。这既有利于促进各类要素的自由流动，形成更加开放、更有活力的全国统一大市场，也有利于激发市场主体的信心与活力，强化社会主义市场经济发展的内生动力。另一方面，“放管服”推动了政府与市场关系的优化调整，通过削减不合理、不必要的行政干预为市场主体松绑减负，通过挖掘、释放市场潜力来增强内生发展动力，使事前、事中、事后的全监管环节得以有效衔接，服务越便捷，市场活力就越强。这一改革促进有为政府及时有效弥补市场机制缺陷，以公正监管促进公平竞争，形成科学合理的政府与市场关系。“放管服”政策使市场中存在的隐性障碍和桎梏逐步消除，营商环境显著优化，市场主体活跃度和积极性大幅提升。深化“放管服”改革坚持市场取向，围绕市场主体特别是中小微市场主体客观诉求，解决市场主体营商办事的堵点难点，有利于培育和激发市场主体活力和创造力①。

另外，税负水平是评价营商环境的重要指标，也是影响企业获得感的重要因素之一，管仲改革的核心即税制改革，他通过灵活优惠关税等措施，鼓励工商业，为齐国成为春秋五霸之首奠定了基础。减税降费作为优化营商环境的重要举措之一，是激发市场主体活力的“先手棋”，为市场

---

① 胡税根，冯锐，杨竞楠．优化营商环境 培育和激发市场主体活力［J］．中国行政管理，2021（08）：16－18.

主体带来了“一束光”，减税降费政策惠及民生，使市场环境得以优化。近年来我国的减税降费政策规模逐渐扩大，宏观税负水平开始下降，这为疫情之下的各市场主体提供了很大程度的支持，减少了他们的压力。全国人大代表、浙江龙盛集团股份有限公司研究院副院长欧其提到，研发费用加计扣除比例提高等税收优惠政策，为公司盘活现金流、推动产业结构转型升级提供了助益；董明珠曾提到2021年格力电器总部享受高新技术企业15%企业所得税、研发费用加计扣除等政策带来的优惠将超过15亿元。通过减少征税来降低企业的资金压力，为企业发展释放动能，助力企业发展。

（二）加强反垄断、反不正当竞争力度

恶劣的竞争环境会导致资源配置效率低下，使得市场主体活力不足，阻碍市场的良性竞争。市场经济的发展必然离不开公平的竞争环境，通过不断健全多层次的竞争监管规则体系，完善反不正当竞争法律规则，破除地方保护与市场分割等影响市场主体活力的行为，建立健全公平、透明的竞争治理规则，发挥市场在资源配置中的决定性作用，保证不同市场主体可以平等地获取生产要素，为各类市场主体营造稳定、公平、透明、可预期的良好环境，维护全国统一大市场的顺利实施。加强反垄断反不正当竞争、营造良好的竞争环境是激活市场主体活力的重大举措，有助于建立民营企业与国有企业公平的竞争环境，这将有利于市场主体进行有序竞争，从而更好地发挥市场主体在宏观经济治理和改革发展大局中的重要作用。随着各项反不正当竞争法律法规的颁布，各市场主体的权益得到更多的保护，国家反垄断局的正式挂牌成立，更是充分显示出国家对反垄断工作的重视程度。这一系列举措将为各市场主体提供更加自由和公平的竞争环境，有效遏制了大企业打压、排挤、限制中小企业竞争的现象，进一步规范大企业的市场行为，也为创业者提供了更多的发展机会，为经济的高质量发展奠定了基础，激发了市场主体活力。

（三）弘扬企业家精神

当前，世界百年未有之大变局正在加速演进，各国之间、各行业之间

面临着更加激烈的竞争与挑战，面对复杂严峻的国际环境和艰巨繁重的国内发展任务，进一步弘扬企业家精神对于激发市场主体活力至关重要，也是推动企业发展与稳定经济的重要举措。企业家作为企业的重要管理人员，是企业发展的核心影响力。要在全社会形成尊重和激励企业家干事创业的社会氛围，增强企业家投资发展的信心，保护企业家权益，让各类企业做大做强，充分释放各市场主体的活力。

党的十八大以来，习近平总书记高度重视企业家群体在国家发展中发挥的重要作用，多次强调要弘扬企业家精神，他曾提到“市场活力来自于人，特别是来自于企业家，来自于企业家精神”。2020 年 7 月 21 日，习近平总书记主持召开企业家座谈会，充分肯定了企业家群体所展现出的精神风貌，高度赞扬了企业家在抗击新冠肺炎疫情作出的贡献，并提出了五点希望，希望企业家增强爱国情怀、勇于创新、诚信守法、承担社会责任、拓展国际视野。

党的二十大报告强调，要保护民营企业产权和企业家权益，这既是对以往大政方针的明确与重申，也对当前民营经济的发展具有指导意义，党的二十大报告也是首次明确提出“促进民营经济发展壮大”，对于稳定市场主体预期、坚定市场主体信心、提振市场主体精神具有极大的推动作用。2022 年 11 月 8 日，中国民营经济研究会和人民政协报社共同指导、人民政协报文化传媒公司共同举办了“弘扬企业家精神 推进中国式现代化”专题研讨会（见图 5 -3），会中充分肯定了民营企业的重要性，增强了企业家的信心。

市场主体是市场经济的“微观基础”，我国社会主义市场经济发展的历程，也是市场主体力量不断壮大的过程[①]。近年来，我国加大宏观政策调节力度，各地相继出台多项保市场主体的工作举措，有针对性地帮助市场主体解决实际困难，以更务实、更精准、更有效的举措来给市场主体注

① 胡税根，冯锐，杨竞楠．优化营商环境 培育和激发市场主体活力 [J]．中国行政管理，2021 (08)：16 -18.

图 5-3　“弘扬企业家精神　推进中国式现代化”专题研讨会

图片来源：中新网。

入强劲信心，使市场主体的适应能力不断增强。习近平总书记在中央全面深化改革委员会第二十一次会议上强调：“要从构建新发展格局、推动高质量发展、促进共同富裕的战略高度出发，促进形成公平竞争的市场环境，为各类市场主体特别是中小企业创造广阔的发展空间，更好保护消费者权益。”助企惠企政策措施不仅是让市场主体“活下来”，更是为他们的长远发展注入源源不断的动力，市场主体“青山常在”，国家经济才能行稳致远。

第三节　立破并举：公平竞争制度机制日趋完善

习近平总书记强调：“强化反垄断、深入推进公平竞争政策实施，是完善社会主义市场经济体制的内在要求。”党的十八大以来，在以习近平同志为核心的党中央坚强领导下，公平竞争法律制度体系不断完善。国家立足于发展的实际情况，从国家经济社会发展的战略全局和工作大局出发，以维护群众的利益为目标，对反垄断、反不正当竞争体系进行持续优化。2012—2021 年，查办垄断协议案件 195 件，滥用市场支配地位案件 82 件，审结经营者集中案 3822 件，依法查处滥用行政权力排除、限制竞争案件 345 件。2021 年年底，中办、国办印发《关于强化反垄断深入推进公平竞争政策实施的意见》，首次形成我国公平竞争顶层设计政策框架，市场公平竞争生态逐步构建完成。

一、《中华人民共和国反垄断法》修订

《中华人民共和国反垄断法》（以下简称《反垄断法》）由中华人民共和国第十届全国人民代表大会常务委员会第二十九次会议于2007年8月30日通过，自2008年8月1日起施行。该法案预防和制止了垄断行为，保护了市场的公平竞争，促进社会主义市场经济的健康发展，是市场经济的基础性法律制度。自2018年起，国务院反垄断委员会将《反垄断法》修订工作列入工作计划，2021年10月19日，十三届全国人大常委会第三十一次会议审议了国务院关于提请审议反垄断法修正草案的议案。2021年10月23日全国人大常务委员会公布《反垄断法（修正草案）》。2022年6月24日，十三届全国人大常委会第三十五次会议表决通过关于修改反垄断法的决定，2022年8月1日生效。

此次反垄断法修改坚持规范与发展并重，针对反垄断法实施中存在的突出问题，进一步完善反垄断相关制度，加大对垄断行为的处罚力度，为强化反垄断和防止资本无序扩张提供更加明确的法律依据和更加有力的制度保障，是对过去14年的反垄断法执法和司法实践的总结，同时借鉴了全球最新的反垄断发展理论。新旧法共存在36个条文上的变化，修订重点包括——明确竞争政策的基础地位和公平竞争审查制度的法律地位；进一步完善反垄断相关制度规则；加大处罚力度；加强对反垄断执法的保障。

第一，此次《反垄断法》修改明确了竞争政策的重要性，将“公平竞争审查制度”写入反垄断法。从《反垄断法》2008年生效以来，关于竞争政策和产业政策之间谁重要的争论就没有停止过。早期学者认为产业政策更加重要。随着市场经济在我国经济制度中的作用日益突出，竞争政策的地位逐渐得到认可[①]。此次修订为强化公平竞争政策实施提供坚实的法

① 于良春．中国的竞争政策与产业政策：作用、关系与协调机制［J］．经济与管理研究，2018，39（10）：57－64.

律保障。

第二，修订法案完善了反垄断相关制度规则。例如，随着数字经济的迅速发展，互联网经济实施垄断的手段更加多样化、形式更加隐蔽，这些行为损害了市场公平竞争和消费者利益，扰乱了经济秩序、抑制了社会创新创造活力，不利于经济健康发展和社会稳定，导致身份不同的市场主体无法公平竞争。此次修订法案提出，经营者不得滥用数据和算法、技术、资本优势以及平台规则等从事垄断行为；具有市场支配地位的经营者利用数据和算法、技术以及平台规则等设置障碍，对其他经营者进行不合理限制的，属于滥用市场支配地位的行为；建立经营者集中审查期限"停钟"制度，规定在经营者未按规定提交文件、资料导致审查工作无法进行，以及出现对经营者集中审查具有重大影响的新情况、新事实需要进行核实等情况下，国务院反垄断执法机构可以决定中止计算经营者集中的审查期限等。

第三，对于一些违法行为，修订法案规定增加了罚款上限，对于未实施的垄断协议的罚款上限从原来的50万元提高到300万元，对不具有或者不可能具有排除、限制竞争效果的未依法申报的经营者集中的企业的罚款上限从原来的50万元提高到500万元，对于具有或者可能具有排除、限制竞争效果的未依法申报的经营者集中的企业的罚款上限则提高到了上一年度营业额的10%。

第四，草案规定了反垄断执法机构依法对滥用行政权力排除、限制竞争的行为进行调查时有关单位或者个人的配合义务，并规定对涉嫌违法行为的经营者、行政机关和法律、法规授权的具有管理公共事务职能的组织，反垄断执法机构可以对其法定代表人或者负责人进行约谈，要求其采取措施进行整改。修改后的《中华人民共和国反垄断法》单独增加了一条，即第六十七条："违反本法规定，构成犯罪的，依法追究刑事责任。"增加此条款为后续通过修改《中华人民共和国刑法典》来增加违反反垄断法的罪名提供了法律基础。

二、《中华人民共和国反不正当竞争法》修订

《中华人民共和国反不正当竞争法》对市场竞争行为进行了法律规范，鼓励和保护市场的公平竞争，对各种不正当竞争行为进行制止和惩罚，该法案自 1993 年正式施行，于 2017 年、2019 年进行了两次修订。随着数字经济的发展，利用数据、算法、平台规则等实施的新型不正当竞争行为愈加隐蔽，原有法案暴露出诸多问题，2022 年 11 月 22 日，国家市场监督管理总局发布《中华人民共和国反不正当竞争法（修订草案征求意见稿）》，征求意见截止日期为 2022 年 12 月 22 日。

本次修订主要包括四个方面的内容：第一，完善数字经济反不正当竞争规则，规范治理新经济、新业态、新模式发展中出现的扰乱竞争秩序的行为；第二，针对监管执法实践中存在的突出问题，对现有不正当竞争行为的表现形式进行补充完善；第三，填补法律空白，新增不正当竞争行为的类型；第四，按照强化反不正当竞争的要求，完善法律责任。

例如，修订法案新增了对新型不正当竞争行为的规定，完善了数字经济反不正当竞争规则，第十五条互联网经营者守法原则中规定经营者不得利用数据和算法、技术以及平台规则等，通过影响用户选择或者其他方式，扰乱市场公平竞争秩序；经营者不得利用技术手段、平台规则等，违反行业惯例或者技术规范，不当排斥、妨碍其他经营者合法提供的产品或者服务的接入和交易等，扰乱市场公平竞争秩序。考虑到数字经济领域不正当竞争行为认定复杂性和困难性，修订法案增加了对构成不正当竞争行为的考量因素，增强了制度的可预期性、执法的规范性和可操作性，同时也给执法和司法机构留下了自由裁定权。修订法案细化了不正当竞争行为的表现形式，第十三条将不合理限定商品的价格、销售对象、销售区域、销售时间或者参与促销推广活动，不合理设定扣取保证金，削减补贴、优惠和流量资源等限制行为，通过影响用户选择、限流、屏蔽、搜索降权、商品下架等方式，干扰正常交易的行为等纳入管理范围；此外，修订法案还明确提高了违法者的行政责任，加大了行政处罚的力度，从原来的最高

罚款300万元提升到500万元，对于侵犯商业秘密的经营者的行政处罚，提高了罚款的下限，由原来的“情节严重的，处50万元以上500万元以下的罚款”修订为“情节严重的，处100万元以上500万元以下的罚款”，通过完善对法律责任的说明，能够促进经营者严格守法，保障公平的竞争环境。

三、深度参与全球公平竞争治理

强化反垄断国际交流合作，加强全球公平竞争治理，对深化国际经贸合作，实现全球共同繁荣进步具有重要意义。近年来，中国反垄断执法机构国际影响力持续提升，“朋友圈”不断扩大。“十三五”时期，市场监管部门加强反垄断国际合作顶层设计，持续加强与欧盟、日韩、金砖国家及“一带一路”沿线国家反垄断交流合作；市场监管总局推动我国与哥斯达黎加、冰岛、瑞士、澳大利亚、韩国、格鲁吉亚、智利等7国签订的自贸协定以及《区域全面经济伙伴关系协定》中设立了竞争政策专章，积极推进与日韩、挪威、以色列等自贸协定的竞争政策（反垄断）议题谈判，主动把握国际贸易规则重构期规则制定的话语权。

如今，中国已经成为与美国、欧盟并列的全球三大反垄断司法辖区，与35个国家和地区反垄断执法机构签署59份反垄断合作文件，RCEP等10个多双边自贸协定中设立竞争政策专章，成功举办第七届金砖国家国际竞争大会，积极营造法治化便利化国际化营商环境，为世界贡献反垄断中国智慧、中国方案、中国力量。与此同时，反垄断执法国际合作领域逐步拓展，从跨国并购案件执法合作向垄断协议、滥用市场支配地位等多领域开展执法合作。2019年5月，市场监管总局与欧盟竞争总司签署《关于反垄断案件调查合作的实务指引》。2020年10月，联合国关于竞争和消费者保护第8次审议大会期间，我国与俄罗斯等作为共同提案国，将打击跨境卡特尔作为联合国贸发会议政府间专家组2020—2025年工作优先领域。

2022年11月14日，第九届中国公平竞争政策国际论坛在北京市石景山区首钢园开幕，开幕式现场实况如图5－4所示。论坛由国家市场监督管理总局（国家反垄断局）、国务院反垄断委员会办公室主办，总局竞争政策与大数据中心、北京市市场监督管理局承办，主题为“公平竞争、统一市场与高质量发展”。与会人员围绕建设统一市场中的公平竞争政策、反垄断与高质量发展、反不正当竞争与繁荣发展等共同关心的重要前沿问题开展深入研讨。

图 5-4 第九届中国公平竞争政策国际论坛开幕

图片来源：《中国市场监管报》。

在反不正当竞争专题论坛上，发布了《中国反不正当竞争执法年度报告（2021）》，报告展示了 2021 年反不正当竞争工作特点：一是提高认识坚定信心，在更高起点推进反不正当竞争工作。二是把握趋势突出重点，完善网络不正当竞争行为监管制度规则。三是保障公平竞争，反不正当竞争执法实践不断深化。四是同心协力维护公平，部门协调机制发挥重要作用。五是加大改革探索力度，商业秘密保护工作成效显著。论坛凸显了公平竞争政策在发展市场经济中的重要价值，进一步体现了反不正当竞争在公平竞争政策中的重要作用。论坛还从社会共治角度，展示了国际社会的普遍共识，进一步交流了国际社会的普遍关注，特别是在全球化遇到新挑战的背景下，公平竞争政策、反不正当竞争作为国际经贸规则的重要方面，对推进全球经贸发展、推进全球化进程具有特别重要的意义。

第六章　季路一言：社会信用体系

第一节　励精图治：我国社会信用体系建设历程

自从1978年改革开放以来，社会主义市场经济得到了巨大的发展空间。随着改革开放的进程不断加深，中国的经济实力不断加强，同时中国的社会面貌也得到了很大的改善。但随着中国的开放程度的加强，市场经济本身所携带的一些弊端以及来自西方资本主义的价值观的输入所带来的一些负面影响也开始渐渐展现。尤其是经济活动中的失信现象会严重腐蚀市场秩序，也会对经济社会的健康发展产生阻碍。

一个完善的社会信用体系可以为供需的有效衔接提供重要保障，同时也是资源优化配置的坚实基础，也是构成良好营商环境的一个不可缺少的组成部分，对构建以国内大循环为主体、国内国际双循环相互促进的新发展格局具有重要意义。

加快社会信用体系的建设是培育和践行社会主义核心价值观的重要内容。诚信是社会主义核心价值观的精神要求。对于个人而言，诚信是高尚的品德；对于企业而言，诚信是黄金资产；对于社会而言，诚信是公序良俗；对国家而言，诚信是重要的软实力。

加快社会信用体系的建设是完善社会主义市场经济体制的重要基石。市场经济本质上是信用经济。要完善社会主义市场经济体制，充分发挥市场经济在资源配置中的决定性作用，规范市场经济秩序，降低交易成本，激发市场活力和创新动力，必须先建立健全社会信用体系，打造良好的市场信用环境。

加快社会信用体系建设是加强和创新社会治理的重要举措。社会信用体系是加强和创新社会体制、提升社会治理能力的一种有效手段。通过褒扬诚信、惩戒失信，不断提高社会公共生活环境的透明度，可以有效降低社会互通过程中的风险和成本，减少社会生活中的矛盾、摩擦和冲突，为社会治理奠定良好的基础。

加快社会信用体系建设是转变政府职能，加强事中、事后监管的重要手段。国家一系列改革举措的实施同时，为减少事前审批的同时，必然要求加快建立社会信用体系，加强以信用为核心的事中、事后监管措施，确保市场规范有序运行。

社会信用体系的建设是对于国家治理体系和治理能力的实现，是完善社会主义市场经济体制，发挥市场在资源配置中的决定性作用，以及调动凝聚社会的力量、增强社会资本都有着非常重要的意义。

社会是在不断发展变化的，因此，政府和社会也需要据此构建与之相适应的社会信用评价体系。我国最开始时采取的是单一直接的法律措施，之后，建立起了以征信系统为主的社会信用基础设施，之后经历一系列的发展，开始构建全方位的社会信用体系。我国的社会信用体系的发展历程经历了从单一到多元的发展过程，到目前为止已经基本构建起了较为完善的评价体系，并会沿着更加健全的方向不断地稳步成长与发展。

新时代下，我国社会信用体系的建设必须以习近平新时代中国特色社会主义思想为指导，深入贯彻党的十九大和十九届历次全会精神，坚持系统观念，统筹发展和安全，培育和践行社会主义核心价值观，扎实推进信用理念、信用制度、信用手段与国民经济体系各方面各环节深度融合，进一步发挥信用对提高资源配置效率、降低制度性交易成本、防范化解风险的重要作用，为提升国民经济体系整体效能、促进形成新发展格局提供支撑保障。

一、探源溯流：社会信用评价体系的初步探索

1999 年以前中国出现了弱小的征信行业。始于 20 世纪 90 年代初期的

起步阶段，其标志就是以信用评价为代表的信用中介机构的出现和发展。社会信用体系的奠基性理论“出身于”中国社会科学院世界经济与政治研究所。1999 年 10 月，中国第一个信用研究课题“建立国家信用管理体系课题”诞生。课题组决定采用系统工程学方法，结合全程企业信用管理理论，设计出一个“国家信用管理体系”，并将其定性为一个信控类的社会系统工程。“建立国家信用管理体系课题”采集的资料形成了《国家信用管理体系》一书（见图 6－1）。

图 6－1　国家信用管理体系

2001 年 12 月 11 日，我国正式加入世界贸易组织。随着市场经济活动的日益增多，社会信用活动也开始迅速增加。为了更好地维护社会主义市场经济秩序，实现经济又好又快发展，中央和地方都开展重视信用体系建设工作，并着手开展了一系列政策研究与实践探索。2001 年 3 月 15 日，九届全国人大四次会议批准了《国民经济和社会发展第十个五年计划纲要》，纲要中明确指出，建设良好的社会信用体系是规范市场秩序的重要措施；2001 年 10 月颁布了《公民道德建设实施纲要》，其中诚信被列为基本道德规范的内容之一；2002 年 2 月组织召开的全国金融工作会议上明确强调要将单位与个人征信体系相结合；同年 11 月，在党的第十六次全国人民代表大会上明确提出要“整顿和规范市场经济秩序，健全现代市场经济的社会信用体系”。

2003年3月，国务院提出，本届政府要用5年左右的时间初步建立起与我国经济发展相适应的社会信用体系的基本框架和运行机制。党的十六届三中全会通过《关于完善社会主义市场经济体制若干问题的决定》。形成以道德为支撑、产权为基础、法律为保障的社会信用制度，是建设现代市场体系的必要条件，也是规范市场经济秩序的治本之策。增强全社会的信用意识，政府、企事业单位和个人都要把诚实守信作为基本行为准则。按照完善法规、特许经营、商业运作、专业服务的方向，加快建设企业和个人信用服务体系。建立信用监督和失信惩戒制度。逐步开放信用服务市场。

2003年10月14日中国共产党第十六届中央委员会第三次全体会议通过的《中共中央关于完善社会主义市场经济体制若干问题的决定》中指出信用制度的支撑是道德、基础是产权、保障是法律。自2002年开始，北京、上海、广东等地先后开启了城市企业信用信息系统的建设工作，开始尝试建设区域范围内的社会信用评价体系。

总的来看，初步探索阶段中央和一些发达地区已经开始认识到社会信用体系建设的重要性，并制定了一系列规范性文件与地方性法规，社会信用体系的大方向已经基本确定。但同时也可以注意到，在这些探索阶段的法规或文件中，对于社会信用的规定大多较为粗犷而且缺乏详细具体的内容，另外只有部分发达地区开始针对信用体系进行了探索，尚未开始全国范围内的实践。

二、拔新领异：社会信用评价体系的全面启动

在前期社会信用体系建设初步探索的基础上，各行业、各部门日益充分认识到社会信用建设的必要性，中央和地方在顶层设计层面开始了社会信用建设问题的研究，我国社会信用评价体系建设由此进入全面启动阶段，从个别行业、个别地方拓展到全国，已经形成了全社会对信用问题的关注①。

---

① 李隐峰，谢岗，黄铮，黄菲，赵骐．新世纪以来我国社会信用体系建设历程分析与展望［J］．中国卫生监督杂志，2020，27（03）：224－228.

2005 年 4 月 16—17 日，全国首届信用体系建设经验交流研讨会在北京召开，此次会议称得上是中国信用领域同行的一次大聚会，会议围绕提高信用意识、建立信用体系、强化信用管理、开展信用合作等议题进行了广泛的交流研讨，与会代表就很多问题达成了共识，并于 4 月 17 日在北京大学英杰交流中心联合发表了《中国信用共建 4. 16 宣言》，这在中国信用建设发展史上具有里程碑式的意义；2005 年 8 月，中国人民银行制定并于同年 10 月 1 日开始实施《个人信用信息基础数据库管理暂行办法》，这一暂行办法通过一系列规定保障了个人信用信息的安全以及合法使用。2006 年，中国人民银行建立了全国企业与个人信用信息基础数据库，纳入该基础数据库的信息包括信贷信息、欠税欠薪欠缴社保以及行政处罚、民事判决等；2007 年 3 月发布的《国务院办公厅关于社会信用体系建设的若干意见》明确了推进社会信用体系建设的重要性和紧迫性，并详细说明了社会信用建设的主要内容、基本原则、指导思想和目标，同时也比较详实地确定了我国社会信用体系建设的框架与内容；同年 4 月，国务院建立了社会信用体系建设部级联席会议制度，简称联席会议，其主要任务是统筹推进社会信用体系建设各项工作，并要求各成员单位要加强沟通配合和信息共享，相互支持，认真做好社会信用体系建设有关工作。此外，自 2005 年开始，上海、浙江、福建等地陆续出台了与企业信用征信管理有关的地方性法规。

图 6－2　全国首届信用体系建设经验交流研讨会

我国社会信用体系在这一阶段已加快建设步伐，构建起了较为科学的组织框架、内容较为丰富的社会信用平台，许多省份和主要城市也都开展了信用体系的建设工作，相关法规逐步出台并实施，取得了较为突出的成就。但也应看到这一时期我国信用体系覆盖面仍然不全，尚未构建起全社会范围内的普遍约束机制；全国范围内的社会信用体系尚未构建，信用问题难以实现跨省跨市的惩戒，约束力仍然欠缺。

三、钩深极奥：社会信用评价体系的深化完善

从 2011 年开始，我国社会信用体系建设迈入了新的阶段，对社会信用体系建设的关注蔓延至了全国上下。2011 年 10 月，党的十七届六中全会通过了《中共中央关于深化文化体制改革、推动社会主义文化大发展大繁荣若干重大问题的决定》，中共中央明确提出要“把诚信建设摆在突出位置，大力推进政务诚信、商务诚信、社会诚信和司法公信建设，抓紧建立健全覆盖全社会的征信系统，加大对失信行为惩戒力度，在全社会广泛形成守信光荣、失信可耻的氛围”；2012 年党的十八大报告中再次明确强调要“深入开展道德领域突出问题专项教育和治理，加强政务诚信、商务诚信、社会诚信和司法公信建设”。

为贯彻落实《国民经济和社会发展第十二个五年规划纲要》的具体部署，社会信用体系建设部际联席会议牵头单位中国人民银行总行领导起草《社会信用体系建设规划（2011—2015）》，希望明确“十二五”时期社会信用体系建设的任务和重点、形成全面推动社会信用体系建设的指导性文件。

2012 年 12 月 26 日，国务院常务会议通过《征信业管理条例》。《征信业管理条例》是为规范征信活动，保护当事人合法权益，引导、促进征信业健康发展，推进社会信用体系建设制定的。《征信业管理条例》的出台，解决了征信业发展中无法可依的问题。有利于加强对征信市场的管理，规范征信机构、信息提供者和信息使用者的行为，保护信息主体权益；有利于发挥市场机制的作用，推进社会信用体系建设。

2013 年 11 月，在党的第十八届三中全会上提出了“建立健全社会征信体系，褒扬诚信，惩戒失信”；2014 年国务院制定的《社会信用体系建设规划纲要（2014—2020）》对社会信用体系建设的总体思路、推进重点领域诚信建设、加强诚信教育与诚信文化建设、加快推进信用信息系统建设和应用、完善以奖惩制度为重点的社会信用体系运行机制等均进行了详细部署与要求，并提出社会信用体系建设的主要目标是：到 2020 年，社会信用基础性法律法规和标准体系基本建立，以信用信息资源共享为基础的覆盖全社会的征信系统基本建成，信用监管体制基本健全，信用服务市场体系比较完善，守信激励和失信惩戒机制全面发挥作用。政务诚信、商务诚信、社会诚信和司法公信建设取得明显进展，市场和社会满意度大幅度提高。全社会诚信意识普遍增强，经济社会发展信用环境明显改善，经济社会秩序显著好转。

2016 年 12 月 9 日，在十八届中央政治局第三十七次集体学习时，习近平指出“对突出的诚信缺失问题，既要抓紧建立覆盖全社会的征信系统，又要完善守法诚信褒奖机制和违法失信惩戒机制，使人不敢失信、不能失信”。

2017 年中国共产党第十九次全国代表大会报告强调加强思想道德建设。提出“推进诚信建设和志愿服务制度化，强化社会责任意识、规则意识、奉献意识”。要求着力解决突出环境问题。提出“提高污染排放标准，强化排污者责任，健全环保信用评价、信息强制性披露、严惩重罚等制度”。

2019 年 7 月国务院办公厅印发的《关于加快推进社会信用体系建设构建以信用为基础的新型监管机制的指导意见》中指出要按照依法依规、改革创新、协同共治的基本原则，以加强信用监管为着力点，创新监管理念、监管制度和监管方式，建立健全贯穿市场主体全生命周期，衔接事前、事中、事后全监管环节的新型监管机制，不断提升监管能力和水平，进一步规范市场秩序，优化营商环境，推动高质量发展。

图 6－3　中国共产党第十九次全国代表大会

2020 年 5 月 11 日，《中共中央、国务院关于新时代加快完善社会主义市场经济体制的意见》提出“构建适应高质量发展要求的社会信用体系和新型监管机制”“推动社会信用法律建设”。完善诚信建设长效机制，推进信用信息共享，建立政府部门信用信息向市场主体有序开放机制。健全覆盖全社会的征信体系，培育具有全球话语权的征信机构和信用评级机构。实施“信易＋”工程。完善失信主体信用修复机制。建立政务诚信监测治理体系，建立健全政府失信责任追究制度。严格市场监管、质量监管、安全监管，加强违法惩戒。加强市场监管改革创新，健全以“双随机、一公开”监管为基本手段、以重点监管为补充、以信用监管为基础的新型监管机制。以食品安全、药品安全、疫苗安全为重点，健全统一权威的全过程食品药品安全监管体系。完善网络市场规制体系，促进网络市场健康发展。健全对新业态的包容审慎监管制度。以保护产权、维护契约、统一市场、平等交换、公平竞争、有效监管为基本导向，不断完善社会主义市场经济法治体系，确保有法可依、有法必依、违法必究。

2020 年 12 月，国务院办公厅印发《关于进一步完善失信约束制度构建诚信建设长效机制的指导意见》，进一步明确信用信息范围，依法依规实施失信惩戒，完善失信主体信用修复机制，提高社会信用体系建设法治化、规范化水平，社会信用体系建设进入高质量发展阶段。

2022年3月29日，中共中央办公厅、国务院办公厅印发了《关于推进社会信用体系建设高质量发展促进形成新发展格局的意见》，并发出通知，要求各地区各部门结合实际认真贯彻落实。立足经济社会发展全局，整体布局、突出重点，有序推进各地区各行业各领域信用建设。积极探索创新，运用信用理念和方式解决制约经济社会运行的难点、堵点、痛点问题。推动社会信用体系建设全面纳入法治轨道，规范完善各领域各环节信用措施，切实保护各类主体合法权益。充分调动各类主体积极性创造性，发挥征信市场积极作用，更好发挥政府组织协调、示范引领、监督管理作用，形成推进社会信用体系建设高质量发展合力。以健全的信用机制畅通国内大循环：强化科研诚信建设和知识产权保护；推进质量和品牌信用建设；完善流通分配等环节信用制度；打造诚信消费投资环境；完善生态环保信用制度；加强各类主体信用建设。以良好的信用环境支撑国内国际双循环相互促进：优化进出口信用管理；加强国际双向投资及对外合作信用建设；积极参与信用领域国际治理。以坚实的信用基础促进金融服务实体经济：创新信用融资服务和产品；加强资本市场诚信建设；强化市场信用约束。以有效的信用监管和信用服务提升全社会诚信水平：健全信用基础设施；创新信用监管；培育专业信用服务机构；加强诚信文化建设。

党的二十大报告明确提出，要“完善产权保护、市场准入、公平竞争、社会信用等市场经济基础制度”“营造市场化、法治化、国际化一流营商环境”。

经过多年努力，我国社会信用体系建设在一些关键性、基础性领域已经取得了重大进展，信用日益成为影响经济社会运行的重要因素。

我国社会信用体系建设是复杂的全社会工程，既存在认识不清晰的局限，也面临不同领域的内在矛盾，还涉及政务公开透明化和数据收集共享中的工作困难。

第二节　苞笼万象：社会信用体系建设的内容

一、本固枝荣：顶层设计为社会信用体系建设提供制度支撑

“十四五”时期我国经济社会发展的主题是推动高质量发展，有关部门领导和专家学者都表示“十四五”时期将推动我国社会信用体系建设迈向高质量发展的新阶段。在全面调研和科学分析的基础上，顶层设计中牢牢把握人民性这一根本特征，在充分了解和把握人民群众对信用建设需要的前提下，研究出台“十四五”时期社会信用体系建设的具体规划，高质量规划方能引领高质量发展①。表6－1为“十四五”社会信用体系建设主要建设目标。

表6－1　“十四五”社会信用体系建设主要建设目标

类别	指标名称	2020年	2025年	属性
平台数据	1. 公共信用信息归集总量（亿条）	3	10	约束性
	2. 公共信用信息共享部门覆盖率（%）	80	95	约束性
	3. 涉农信用信息数据库建成率（%）	16.8	100	预期性
	4. 地方征信平台建成率（%）	63.6	100	预期性
信用监管	5. 信用承诺覆盖范围（%）	—	70	预期性
	6. 双公示工作达标率（%）	70	100	约束性
信用服务	7. 具有影响力信用服务机构数（家）	3	5	预期性
	8. 新增应用场景数量（个）	—	20	预期性
	9. 持证信用管理师数量（人）	—	2000	预期性
诚信水平	10. 全国城市信用状况监测排名平均水平	前65%	前40%	预期性
	11. 被列入失信联合惩戒对象名单企业占比（%）	1.3	0.5	约束性
	12. 省级信用建设示范县（示范园区）数（个）	—	15	预期性
	13. 信用镇比率（%）	18.8	50	预期性

① 高茜．“十四五”时期我国社会信用体系建设高质量发展的特征与推进举措［J］．征信，2021，39（05）：9－12.

（一）领导高度重视，专人负责实施

社会信用体系是由多主体共同构成的有机整体。由各个主体共同发力建设，一方面可以加强相互沟通，减少因对向发力而产生的无效资源损耗；另一方面，通过创建新型监管体制，可以实现全方位信用规制，不仅规制企业行为，政府行为将同样被纳入体系。对于政府而言，有助于加强其依法行政，促进法治政府、诚信政府的建设。首先，由政府牵头主导，发挥政府组织协调、监督管理、示范引领作用。第一，组织协调是信用体系建设中政府的基本职能，政府以其公权力权威与行政地位，更能在多主体共建社会信用体系中服众，从而主导全局，协调各方。第二，监督管理是社会信用体系运行中政府的主要职能，当前经济社会领域存在诚信缺失现象，社会信用体系的运行不仅需要各主体内部自觉自律，更需要来自政府的强有力的外部监督管理。第三，示范引领是社会信用体系建设中政府的薄弱环节，社会信用体系应当包罗政府在内的所有社会主体，即政府不仅是监督方，同时也应被纳入受监督方，政府自身行为需严守信用。围绕市场经济运行各领域各环节，对参与市场活动的企业、个体工商户、社会组织、机关事业单位以及自然人等各类主体，依法加强信用建设。充分发挥其对于当前经济高质量发展，形成新发展格局的重要促进与保障作用①。

（二）统筹规划布局，制度建设完备

社会信用体系的建设与完善是推进国家治理体系和治理能力现代化的重要保障，它是为解决法制所不能解决的问题而存在，为弥补法律约束不足而设立。社会信用体系建设主要是构建行为主体的信用信息数据库，建立失信联合惩戒、守信联合激励的信用天网，它涉及政务诚信、商务诚信、社会诚信以及司法公信四个方面，包括政府、企业以及公民等主体的信用信息。而政府无疑是最大的信用信息拥有者，它拥有政府部门、企业组织以及公民等主体的大体量的信用信息。政务信息公开不仅包括公开政府部门自身的机构设置情况、决策过程、政策法规等，以及公开政府部门

---

① 刘瑛，卢萍．全方位建设社会信用体系之探讨［J］．中国信用，2022（09）：114－118.

所掌握的经济数据和统计数据，还包括公开政府部门所掌握的各个领域、各个主体的信用信息，如个人或组织的行政处罚信息。社会信用体系建设本身就需要社会主体的参与，否则仅靠政府部门的力量无法实现全方位的信用治理，而“政府+社会”能够构建共治共享的社会信用治理格局。那么，数据的开放共享就成为社会信用体系建设的关键所在。同时，现阶段政府数据开放步伐逐渐加快，技术的发展、理念的转变、政策的支持，推动数据开放实践的发展，使迈向合作治理导向的社会信用体系建设成为可能①。

（三）协同作用明显，机制化成为常态

协调发展注重的是解决发展不平衡问题。协调发展一方面体现在经济发展结构协调，另一方面体现在物质需求与精神需求的协调发展，改善人们的物质生活，丰富精神生活，提高生活质量，提高思想道德素养等；此外，还体现在公平与效率的协调发展方面。从这三个视角来看，在解决发展不平衡问题的途径和措施方面，社会信用体系建设与促进经济社会协调发展理念是高度一致的。在当前的社会信用体系建设实践中，以信用为基础的新型监管机制是政府监管资源优化方面的创新举措，合理配置监管资源，有助于提升社会管理和公共服务效率；多种形式的信用融资创新服务，让中小微企业这一类难以获得传统信贷支持的市场主体得以通过信用渠道获得资金支持，有助于持续拓展普惠金融的覆盖范围，帮助发展生产力、提高生产效率；在慈善捐助、社会保险等社会保障领域，也在探索分配环节中的失信治理与惩戒，提升社会保障公信力②。

二、雨后春笋：高新技术提升信息化和现代化服务水平

社会信用体系的建设需要新技术的支持，高新技术具有良好的技术拓

① 门钰璐，严宏伟，王丛虎．社会信用合作治理体系的构建——基于数据开放的视角［J］．行政管理改革，2022（07）：75－83.

② 王银旭．社会信用体系建设与新发展理念内涵一致性探析［J］．厦门特区党校学报，2022（04）：19－23.

展性，对社会信用体系的建立具有积极的促进作用。在政府领域中，能够从多种维度和多个层级对政府信用情况开展监测和预警；在市场主体领域，可以将企业纳入监管警示系统中，能够加强对企业的约束和激励；在个人主体领域，可以在社会信用体系中建立居民个人信用档案，强化对自然人的信用监管。随着高新技术的发展和完善，且应用领域会更加宽广，可以有效地服务于我国社会信用体系建设和现代化服务水平。

（一）线上线下一体化共同发展

以信用为基础的新型监管机制是贯穿市场主体全生命周期，衔接事前、事中、事后全监管环节的新型监管机制，是提升治理能力和治理水平的重要手段。通过“线上＋线下”“实地＋远程”等多种方式，如表6－2所示为互联网征信三大模式。建立信用修复机制、畅通信用修复渠道，优化信用修复流程，推动实现信用修复全程网上办理，强化远程指导和培训服务，引导企业积极开展信用修复。一是加强诚信文化宣传，提升公众诚信意识。各地开展了形式多样、内容丰富的宣传教育活动，深入推进诚信活动进企业、进校园、进机关、进社区、进街道、进农村等，通过线上线下多种渠道，宣传信用政策制度，弘扬诚信典范，展示信用工作进展成果。二是加强对失信问题的整改治理，营造良好诚信环境。针对人民群众普遍关注的诚信缺失问题和经济社会领域出现的失信突出问题，各地积极组织开展失信问题专项治理行动，对电信网络诈骗、涉金融领域非法集资、法院判决不执行、骗取社会保险、拖欠农民工工资、防疫物资生产和经营问题等方面开展重点专项治理，加大力度追查和督促相关主体纠正失信行为，及时采取有效措施保障人民群众合法权益和社会经济正常秩序。在各级政府的不断努力下，各地信用环境持续改善，诚信氛围不断增强，全社会信用水平大幅提升，为新时代构建新发展格局、推动高质量发展提供了有力支撑[①]。

---

① 郭歌，黄绍斌．筑牢根基 开拓创新 推进城市信用体系建设［J］．城乡建设，2022（11）：48－49.

表 6-2　　中国互联网征信三大模式

模式	说明	参与者代表
央行模式	中国人民银行征信中心依靠商业银行、人民银行分行两条主线进行信息收集，由全国总行—省级分行—地方支行—营业网点逐级覆盖，范围涵盖全国	中国人民银行征信中心
互联网平台模式	互联网平台模式的核心在于共享开放，并与外部机构双向互动，任何外部机构都可以接入互联网平台实现信息共享	芝麻信用管理有限公司、微众信用科技股份有限公司
"传统征信+互联网"模式	互联网金融行业蓬勃发展信用信息收集问题，驱动着传统征信企业运用互联网技术，积极开发数据库、运用人工智能等技术进行信用分析 现有征信企业利用互联网技术，变革数据收集方式、深化数据分析业务能力，实现征信业务升级	中诚信征信有限公司、鹏元征信有限公司

（二）多渠道实现信用信息共享

信用信息是反映个人和企业经济状况、商业信誉、守约能力，识别个人和企业身份的相关数据资料。信息具有共享性，信息不会像物质一样因为共享而减少，反而会因为共享而衍生出更多信息，提升信息价值。政府赋能于信息共享体现在三个方面；一是公开政务信息。政府作为市场的监督管理者，推进政务公开，建设诚信政府，为引领社会诚信建设发挥示范作用。二是共享企业和个人失信信息。企业和个人的失信行为严重影响社会信用体系建设，政府、法院和中国人民银行作为协同推进失信信息共享的主体，共同助力社会信用体系建设。三是共享个人信用信息。个人信用信息关乎个人隐私和信息安全，开放难度较大。随着时代的发展，互联网的出现给整个社会带来了巨大变化，也深刻影响着社会信用体系建设。互联网大数据能够帮助完善信用信息数据库，推动信用评估多元化，帮助实现守信激励。互联网大数据助推信用监测评价，监测结果已经在查找问题所在、指导工作方向，曝光诚信缺失领域、倒逼政府有所作为，借助信用手段激活城市活力，搭建沟通桥梁，保持中央层面督促力，逐步成为社会信用体系建设的重要参考指标①。

三、本末相顺：用信场景不断丰富，惠民效果突出

全面建设社会主义现代化强国的伟大征程中，诚信中国正在崛起。如“住房公积金审批替代型信用承诺让办事群众少跑路，实现“最多跑一次”。推进“双随机一公开”监管与信用分级分类监管有机结合，实现简约而又精准、公平而又效率、规范而又智慧的市场监管。信用核查完善惠企政策兑现闭环，保障财政资金安全。创新建立“征信机构 + 银行 + 担保”的中小企业信用融资模式等方式的不断涌现，大大提高群众满意度和政府凝聚力。

（一）信用产品丰富多样

随着大数据时代的到来，社会信用体系建设步入快速发展轨道，信用产品、信用场景等应用也不断丰富和拓展。聚焦信用产品应用，以深化信用信息应用为突破口，推出符合地方实际的、具有地方特色的信用创新产品，因地制宜让信用与城市的结合更好地服务于地方经济发展。不断探索创新信用信息应用路径，拓信用产品应用场景，一方面，可以让“看不见”“摸不着”的个人信用和企业信用真正“变现”，引导个人和企业强化信用意识，营造“守信处处受益、失信寸步难行”良好信用氛围。另一方面，通过创新并推广信用应用产品，可以不断提高政府社会治理水平和公共服务水平，实现以用促建，进一步建立健全我国的社会信用体系建设。明确信用机构接入资质要求和对数据使用的规范行操作流程，严控数据脱敏处理要求、数据使用方式和数据适用范围，切实保护数据安全和信用主体的隐私，为信用应用产品数据源的安全保驾护航②。

（二）信用惠民效果突出

创造性的信用惠民便企是社会信用体系建设的出发点、落脚点。“社

---

① 杜楠，王立锋，李瀚林．从政府赋能到法的赋能：对信用体系建设的思考［J］．征信，2021，39（06）：41－45.

② 徐杨杨．社会信用体系建设背景下的信用应用创新研究［J］．信息系统工程，2020（02）：14－15.

会信用体系建设，正转化为建设诚信中国的强劲动力。”近年来，各部门围绕政务诚信、商务诚信、社会诚信和司法公信建设，聚焦企业、群众办事创业的难点、堵点，积极探索社会信用体系建设新模式，将社会信用体系建设作为全面深化“放管服”改革、推进治理体系和治理能力现代化、优化营商环境的重要支撑，为城市振兴发展持续注入“信”动能，信用惠民便企效应不断显现。从国家层面到各个地方，一直延伸到县区、镇都在不断创新“信用惠民”应用场景。“先诊疗后付费”等诸多便利化服务，看病治疗时先诊后付、住院免押金、保险理赔时重疾先赔、治疗费用紧缺时可使用医疗分期或借贷等服务……通过医保部门、医疗机构、金融机构三方合作，开展就医信用无感支付，推动个人信用管理、“互联网+医保”移动支付与医疗健康场景的融合，为就医群众提供“信用+医疗”优质医保服务，图6-4所示为信用医疗、信用就医应用场景。随着我国社会信用体系建设不断发展与完善，“守信获益，失信受罚；一处失信、处处受限”的守信联合激励和失信联合惩戒机制逐步健全。我们相信，信用有价、信用有用、信用有感的“信用中国”正在日渐明朗，“信用+”惠民效应不断显现。从而快速、顺利地推动社会诚信进入更高水平的发展阶段①。

图6-4 信用医疗、信用就医应用场景

① 吴限，孟佳惠．“信用红利”涨潮——我国推进信用建设惠民便企进程扫描［J］．中国信用，2022（07）：18-29.

第三节　美中不足：社会信用体系建设过程中需进一步探讨的问题

一、补齐短板：社会信用制度建设和社会信用道德培育存在短板

（一）社会信用法制建设存在明显滞后性

改革开放后，我国出台了一系列的法律、法规，目的在于促进社会信用建设，在一定程度上抑制了失信行为。但是，我国的社会信用法制建设，不管是法制的完善程度，还是法制的严格程度，都有其缺陷，不能充分适应市场经济发展的需要[①]。目前，我国尚无专门的社会信用立法，现行的有关信用的法律规制也比较分散。例如《中华人民共和国反不正当竞争法》《中华人民共和国民法总则》《中华人民共和国合同法》等，都只是明确规定了"诚信"的基本原则，并没有对违反"诚信"这一原则提出解决办法。《中华人民共和国刑法》仅仅规定了很多与信用有关的罪行，如欺诈、捏造、散布虚假信息等。综合来看，现有法律对于信用的规制存在诸多不足。首先，信用监管缺乏法律基础，造成了无法可依、有法难依的困境。一是内容不全面。在信用标准、信用评价、惩罚、恢复和救济等方面，缺少系统性的制度规范，仅涉及原则、行为列举和个别惩罚措施。二是内容不够明确。在原则适用、行为认定等方面，缺乏具体的规范。其次，信用监管呈现一种依附状态，不能充分反映其独立性，无法对其进行单独的监管。分散于各种法律体系中的信用规制，是从原有法律的立法目的出发，以服务于原有立法目标的实现。例如，禁止捏造、散布虚假信息，目的就在于避免破坏市场秩序，妨碍经济发展。这一规定是为了维护公平竞争、推动经济发展而制定的，而不仅仅是为了规范信用。虽然这样

---

① 熊治东. 改革开放以来中国社会信用体系建设：成就、经验、问题与展望［J］. 征信，2020，38（10）：12-20，48.

做，会对失信行为的影响很大，但这只是一种反作用，并不能体现出它的独立性和重要性。再次，信用规制难以再改进完善。以现行法律为依据，对大量的信用法规进行规范，与其本身的宗旨不符。而且，一些法规在几次修订之后，已经比较完善，难以进行进一步修缮①。最后，失信惩戒力度不足且信用法制建设执法不严。由信用缺失而导致的问题，我们应当予以严厉的打击，虽然在很多领域都有相关的法律规定，但是处罚的力度显然不足。对于信用缺失的处罚，我国虽然有相关立法，在实施中也存在着严重的执法不严问题。一是地方保护主义严重存在。现在不同区域之间的生产经营者，一旦发生经济纠纷，不少地方政府为了本地利益，都会对本地企业采取保护措施，在地方政府的保护下，判决也无法执行。二是执法过程中掺杂腐败。现在不少信用缺失案件出现后，打招呼、找关系等各种情况就会出现，最终以情代法、以钱代法使大事化小、小事化了，最后不了了之②。

（二）制约我国社会信用体系建设的体制机制缺陷尚未完全消除

我国征信行业发展较为无序，不同机构所拥有的数据资源杂乱无章；“信息孤岛”的问题没有根本解决，在信用信息共享机制方面，虽然中国央行已经成立了征信中心、全国信用信息共享平台等，但是一些金融机构却因为各种原因未能实现信用信息的共享，从而影响了信用信息在全社会的流通，造成信息公开广度受限制③。此外，我国 P2P 平台信用信息共享机制还存在严重的不足，首先，尚未接入央行基础数据库，横向信用信息共享不足；目前 P2P 网贷平台不能访问中国人民银行的信用数据库，不能直接查询用户的信用状况，导致 P2P 平台只能采取“上传数据”“线下调查”的方法来审核用户的信用评级和交易价格。这样做不仅会降低审核的质量和效率，增加交易费用，同时也很难保证信息的真实性，因此借款人违约风险的防范难度也会加大。目前，我国一些 P2P 平台已通过行业联

---

①③ 封星琦，胡贵海．信用立法：建设社会信用法治体系之前提［J］．湖南工业职业技术学院学报，2020，20（04）：27－31.

② 王振卿．对社会信用体系建设问题的思考［J］．北方金融，2020（08）：111－112.

盟、行业协会等渠道实现了对借款人的信用信息的共享，但其规模仍然很小，横向的信用信息共享还存在着一定的局限性。多数平台之间对借方的资金信息不能相互了解，这就为借方在多个平台上反复贷款创造了一个机会。其次，征信机构的风险防范能力不足，信用信息的纵向共享机制缺乏安全保障；同业征信联盟忽略对平台进行信用评估，不法 P2P 平台会通过联盟获取并泄露竞争者客户信息，在一定程度上阻碍了用户信息的共享。征信公司内部制度和风险防范措施也未公开，对纵向信息共享机制的稳定发展存在不利影响①。

（三）社会信用道德培育存在薄弱环节

其一，社会信用道德文化尚未形成。由于信用教育在我国的起步比较晚，到目前为止还没有一个明确的、完整的信用教育的战略计划，整个社会还没有形成共同的目标、分工体系和具体的实施过程。目前，我国的信用道德教育存在着重实践、轻理论的倾向，信用伦理培养过于简单化、庸俗化，信用制度建设缺少了道德的支持。其二，社会信用道德教育视野狭窄。我国的信用教育仅局限于经济领域，还没有深入社会生活的方方面面，存在着覆盖面不够等问题。信用教育是一项长期而艰巨的系统工程，它要求各级政府部门、私营企业、志愿组织、公益组织、传媒等各方力量共同努力，特别是个体和家庭的共同努力②。其三，社会信用道德教育形式化倾向明显。在现实生活中，信用教育只是一种形式上的宣传，缺少相应的奖励、惩罚和量化的评价，使诚信的德育工作由于缺少外部的制约，很难实现其应有的目的。在传统的道德教育模式中，往往是通过知识灌输者、权威的传播者进行模式化的教育，道德实践活动的深度、广度都不够，效果不明显；志愿服务与公益劳动，其宣传作用大于教育作用，为实践而实践，为宣传而实践使信用教育成为一种形式。

---

① 赵玉平，胡鹏．我国 P2P 平台信用信息共享机制研究［J］．华北金融，2015（11）：33－36.

② 刘薇．我国信用教育发展状况研究［J］．华北金融，2014（06）：62－64.

二、建立信任：社会信任度下降对社会信用体系建设产生消极影响

信用是文明社会的重要标志，是一个良好的社会发展所必需的先决条件。一个社会要想取得长远的发展，就必须建立在对信誉的重视上。人与人之间、组织与组织之间、组织与人之间都要讲信用、守承诺，只有如此，我们才能创造一个和谐有序的社会发展环境。信任与信用在社会互动中是互为条件、相辅相成的。只有遵守行为准则，遵守承诺，才能在互动过程中获得对方的信任。并且，只有当后者对前者有了信任，才能使前者建立起信用。而且，如果一个人在社交活动中出现了不诚信的行为，那么他的社会信誉就会被他的不诚实行为所左右，进而引起别人对他的负面的社会评价，使其产生更多的不信任①。改革开放后，我国在经济转型的进程中，存在着制度缺失、价值多元等问题，造成了社会信任的降低，严重地制约着我国的信用体系建设。从制度缺失的视角来看，我国在社会转型时期，新的法律法规还没有建立起来，这就给了失信人以可乘之机，也就是“搭便车”的存在。这一现象，势必损害他人的合法权益，造成相互间的不信任。从价值多元的角度来看，经济领域的分化使社会结构支离破碎，各种利益诉求主体互相纠缠，共同构成了一个多元化的社会格局。“由经济上的两极开始生成伦理上的两极，道德信用危机由人际关系不信任和群体不信任的伦理分裂，演变成诸群体之间的伦理分化。”在对利益的不合理追求中，道德沦丧、信仰危机等问题尤为突出，尤其是“老人摔倒不敢扶”。在社会生活中，互不信任成为一个普遍存在的问题。特别是在人际交往中，往往存在着人为的障碍，从而破坏了构建社会信用体系的人性基础②。

---

① 黄铁苗．加强信用法制建设是建设社会信用体系的根本［N］．南方日报，2013－01－14（F02）．

② 熊治东．改革开放以来中国社会信用体系建设：成就、经验、问题与展望［J］．征信，2020，38（10）：12－20，48．

三、查漏补缺：社会信用体系建设的覆盖面和完整度尚有欠缺

社会信用体系是一种涵盖各行各业、领域、地区、群体等多种信用体系的统称，它的作用范围宽，影响范围广，受益群体多。虽然我国自改革开放以来，社会信用建设取得了长足的进步，但是在涉及面和完善程度上还存在着一些问题。

（一）覆盖全社会的征信体系尚未建成

近年来，我国在借鉴国外信用制度成功的基础上，不断地进行改革和探索，逐步建立起了中国特色的社会信用体系。党的十八大以来，在党中央、国务院正确领导下，各级政府、金融系统、公安系统等部门结合自身实际，积极探索并实施了社会信用体系建设新步骤、新做法，取得了较好的效果。目前，我国社会信用管理由国家发改委和中国人民银行双牵头推进，而中国人民银行只是征信管理机构，没有对全社会信用的管理能力和权限。我国权威征信机构主要是央行征信中心、百行征信和上海资信有限公司三家。央行征信系统是由国家设立的金融信用信息基础数据库，全面收集企业和个人的信息，征信中心出具的信用报告已成为国内企业和个人的经济身份证[①]。目前我国的征信系统以金融为主，政务、文化、生态等领域的信用信息系统处于缺失状态，而现行的社会征信体系中，对社会信用主体的信用记录存在着严重的缺失。此外，目前受规范的信用主体主要是国内企业和个人，还基本不涉及外资和政府部门。《社会信用体系建设规划纲要（2014—2020年）》指出，各类政务行为主体的诚信水平对其他社会主体诚信建设有重要的表率和导向作用。但是，促进政府守信践诺的举措并不完善，政府部门的失信行为仍时有发生。例如，一些地方财政部门宣布了一系列对小微企业的补贴等优惠政策，但却期待符合条件的企业不知道这些政策，从而减轻支出负担。更不用说一些政府相关的工程建设

---

① 邹勤．社会信任结构与社会信用体系建设研究［J］．四川师范大学学报（社会科学版），2006（04）：45－52.

拖欠企业应付账款的情况。政府部门之外，外资企业没有被纳入失信联合惩戒的规范对象，享受了“超国民待遇”，但由于中西文化差异和社会信用体系框架不同，其对我国信用体系误会较深。因此，很难准确地判断社会信用主体的信用状况，从而在客观上加大了对社会信用主体的误判风险。

（二）社会信用体系建设的区域差异明显

由于各区域经济发展水平的差异，造成了区域间的信用制度建设水平的差异。总的来说，我国东部地区的社会信用制度建设在全国处于领先地位。从20年代90年代初期，上海就已经在实践中探索了我国的社会信用体系建设。而中西部欠发达地区的经济、社会发展水平较低、思想认识相对落后、与国际接轨程度不高，社会信用体系建设也相对滞后。“信用水平发展不平衡，影响了区域之间的协调发展”，也影响了社会信用体系建设的总体水平①。从国家层面来看，除我国《征信业管理条例》《企业信息公示暂行条例》等专门性信用法律规范之外，尚有50余部法律和60多部行政法规涉及信用条款。

从地方层面来看，各省（区）市也陆续出台了近30部信用法律法规。本书通过北大法宝法律数据库、信用中国网站、各省（区）市政府网站等信息资源，对地方社会信用立法的主要规范性法律文件进行了汇总，具体情况见表6－3。图6－5对地方社会信用立法年份统计，其中2020年受新冠肺炎疫情影响立法进程缓慢属于特例。

表6－3　　地方社会信用规范性法律文件汇总表

（截至2020年10月19日）

级别	立法名称	颁布时间
省级地方性法规（17部）	《上海市社会信用条例》	2017.06.23
	《河南省社会信用条例》	2019.11.29

① 熊治东．改革开放以来中国社会信用体系建设：成就、经验、问题与展望［J］．征信，2020，38（10）：12－20，48.

续表

级别	立法名称	颁布时间
省级地方性法规（17部）	《山东省社会信用条例》	2020.07.24
	《湖北省社会信用信息管理条例》	2017.03.30
	《河北省社会信用信息条例》	2017.09.28
	《陕西省公共信用信息条例》	2011.11.24
	《浙江省公共信用信息管理条例》	2017.09.30
	《辽宁省公共信用信息管理条例》	2019.11.28
	《重庆市社会信用条例（征求意见稿）》	尚未正式颁布
	《吉林省社会信用条例草案（征求意见稿）》	尚未正式颁布
	《天津市社会信用条例（草案）》	尚决正式颁布
	《江苏省社会信用条例（草案）》（征求意见稿）	尚未正式颁布
	《广东省社会信用条例（草案修改征求意见稿）》	尚未正式颁布
	《贵州省社会信用条例（草案）》	尚未正式颁布
	《甘肃省公共信用信息条例（送审稿）》	尚未正式颁布
	《黑龙江省信用信息管理条例（征求意见稿）》	尚未正式颁布
	《青海省公共信用信息条例（送审稿）》	尚未正式颁布

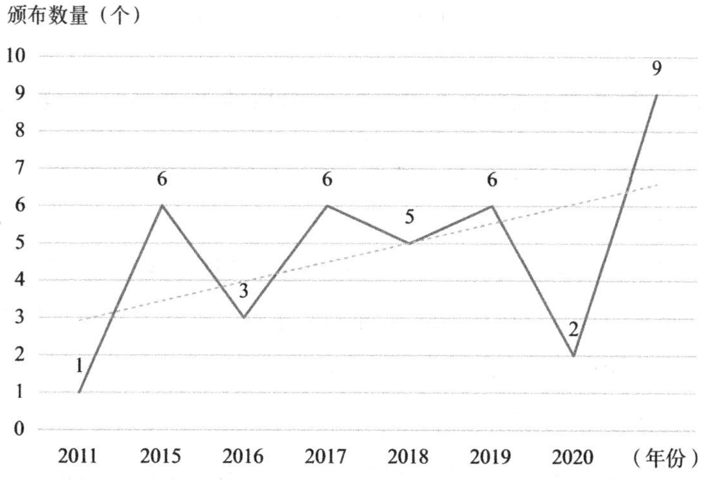

图6-5　地方社会信用立法年份统计（截至2020年10月19日）

（三）社会信用体系建设主体较为单一

社会信用体系建设是一项复杂、庞大的系统性工程，涉及各行业条块、中央与地方、政府与社会在社会信用体系中的责任划分，但由于这些尝试都处在“摸着石头过河”的探索阶段，各主体参与社会信用体系建设的能力和程度仍明显不足。社会信用体系的构建涉及社会的方方面面，需要各方面共同努力。因此，社会信用体系的建立主体是多元的。一方面，现阶段银行信用体系建设已经取得了一定的成效，税务、市场监管等部门的信用体系建设也在稳步推进，但是其他领域信用体系建设的力度和效果仍然较弱，导致商务诚信建设一枝独秀，政务、社会和司法领域诚信建设相对滞后，信用体系建设发展不均衡。另一方面，从社会信用制度的功能范畴来看，它的主体包括政府、社会组织和个人，但在实际中，政府“一家独大”的状况并没有发生变化，发挥社会诚信建设中的绝对主导作用，社会组织、个体和其他社会因素的功能并没有完全发挥出来，这在某种程度上制约着我国的社会信用体系的构建。在社会信用体系建设中，遵循一贯的管理模式，政府往往大包大揽，而社会力量参与社会信用体系建设还缺乏成熟有力的引导和推动机制。目前，社会信用服务市场尚处于起步阶段，信用中介组织发育不成熟，且依附于国家行政力量，没有实现自主性发展，距离“独立、公正、中立”的职业操守仍存在一定差距。

四、监管修复：缺乏有效的社会信用监管体系和失信修复机制

社会信用监管制度是保证我国社会信用制度健康发展的重要环节，它包括法律法规、政府监管、舆论监管、第三方独立机构监管等。目前，我国的社会信用管理制度还存在着很大的缺陷。《征信业管理条例》《纲要》为我国近年来的社会信用体系建设指明了方向，但其中并未对信用修复做出明确规定。2017 年国家发改委、中国人民银行联合印发《关于加强和规范守信联合激励和失信联合惩戒对象名单管理工作的指导意见》和 2020 年国务院办公厅印发《关于进一步完善失信约束制度构建诚信建设长效机制的指导意见》都支持信用修复，但目前并未有更具有操作性的细致意见，这制约了失信者信用修复的实际行动。

（一）法律边界难以有效应对社会中复杂的失信现象和失信行为

首先，就我国的社会信用制度而言，在法律法规监管方面，虽然我国已经有了《中华人民共和国合同法》《中华人民共和国民法》《中华人民共和国刑法》等相关法律，但它们都属于部门法，在现实生活中，存在着不同的法律适用范围，很难有效地解决社会上出现的各种不诚信现象和不诚信行为。正是由于在法律上缺乏对失信行为种类的明确界定，惩戒机关才有了选择性认定失信行为的机会，才具备轻易行使惩戒权力的条件。例如，河南省公开的拒不执行判决、裁定罪的案件数突破 3 万件，占全国拒执罪案件的 88.2%，河南法院认为打击拒执罪是其工作亮点，也是破除执行难的重要抓手。

（二）部分地方政府对违约失信监管不够

市场领域的调控能力常常是有限的，违法乱纪的行为屡禁不绝，政府的强势调控和引导是不可缺少的。但是，在监管对象越来越多、行政工作越来越繁杂的今天，政府的常规监管方式显得有些力不从心，并且部分地方政府仍然存在为片面地追求经济的高速增长而对失信行为监管失之于宽、失之于软的现象，有法不依、执法不严时有发生，违约失信监管不够。

（三）信息不透明和舆论在社会信用监管中缺乏明确定位，极大削弱舆论监管功效

互联网上的匿名性能使公众对其进行舆论监督，从而使其积极性得到充分发挥，避免了在其他媒介上发表意见往往需要署名的担忧，而网络舆论也为反腐提供了一种新的途径。同时，网络的及时性使新的资讯能够在较短的时间内快速传递。在网络舆论给我们带来好处的同时，在舆论监管方面，由于仍然存在信息不透明的现象，加上舆论在社会信用监管中缺乏明确定位，极大削弱了舆论监管的功效。

（四）第三方监管机构服务行为不够规范、公信力不足

在第三方独立机构的监管上，由于我国的社会信用服务市场发展不够成熟、服务制度不完善、法律法规不健全，导致第三方监管机构服务行为

不够规范、公信力不足。在个人征信领域，由于市场的需求比较充足，但目前我国拥有牌照的个人征信机构数量十分有限，存在着巨大的信用市场需求不能满足。比如，在大型网络平台上，利用行为数据对个人和小企业的信贷状况进行分析之前，中小企业融资难、融资贵的问题一直很突出。

（五）缺乏协调各种社会信用监管方式的协调机制

从协作机制角度探讨社会信用监管，目前国内还没有形成一套有效的协调各社会信用监督体系的机制，不同的社会信用监管模式缺乏协同合作，导致了不同类型的信用监管模式各自为阵，并且产生了监管灰色地带。从本质上讲，社会信用监督制度旨在通过监督来降低失信率、减少失信现象。因此，规范和引导失信行为成为我国社会信用建设的必然要求。2016 年 6 月，国务院印发《关于建立完善守信联合激励和失信联合惩戒制度加快推进社会诚信建设的指导意见》，明确提出“建立健全信用修复机制”的主张，对失信行为修复的先决条件和主要目的进行了规定。但是，到目前为止，我国还没有制定出具体的实施办法，也没有相应的配套措施。

参考文献

[1] 安宁．十年全面深化改革 推动中国发生历史性巨变［N］．中国经济导报，2022-09-29（002）．

[2] 布茂勇．论经济危机背景下中国市场经济发展取向［J］．商业时代，2010（01）：8-9．

[3] 曹永华．中小企业发展与金融支持［J］．中南财经政法大学学报，2006（04）：92-95．

[4] 常修泽，何亚斌．要素市场化配置与产权市场命运——产权“生产要素生命论”探讨［J］．产权导刊，2020．

[5] 畅通国民经济循环，构建新发展格局［N］．21世纪经济报道，2022-10-14（001）．

[6] 陈兵．新发展格局下数据要素有序流通的市场经济法治建构［J］．社会科学战线，2022（01）：191-203．

[7] 陈波．知识产权“两法衔接”机制的立法完善［J］．西安财经学院学报，2015，28（01）：99-106. DOI：10.19331/j.cnki.jxufe.2015.01.017．

[8] 陈朝兵．“负面清单”管理在我国的缘起、应用价值与推广路径［J］.现代经济探讨，2015（08）：20-24．

[9] 陈嘉良．自然垄断行业引入竞争政策的价值分析［J］．山西财经大学学报，2011，33（S3）：35-41．

[10] 陈茜．商标专用权行政执法与刑事司法衔接问题研究［D］．华东政法大学，2014．

[11] 陈升，李兆洋，唐雲．清单治理的创新：市场准入负面清单制

度［J］．中国行政管理，2020（04）：95－101.

［12］陈升，李兆洋，等．市场准入负面清单：理论、实践与前瞻［M］．北京：中国社会科学出版社，2018.

［13］陈伟伟．加快建设全国统一大市场促进要素资源畅通流动［N］．经济参考报，2021－12－31（001）.

［14］陈泽荣、刘敏娴．基于现代产权制度的混合所有制经济发展［J］.中国集体经济，2020（23）.

［15］陈钊．何谓统一大市场［J］．产业经济评论，2022（05）：5－7,24.

［16］程民选．市场主体的内涵与市场主体确立的基本条件［J］．中国经济问题，1994（05）：26－29.

［17］邓小平文选（第三卷）［M］．北京：人民出版社，1993.

［18］戴霞．市场准入法律制度研究［D］．西南政法大学，2006.

［19］刁彩虹．深圳服务业发展特征研究［J］．特区经济，2010，（11）：31－33.

［20］董涛．国家治理现代化下的知识产权行政执法［J/OL］．中国法学：1－20［2022－11－21］．DOI：10.14111/j.cnki.zgfx.20220908.004.

［21］杜楠，王立锋，李瀚林．从政府赋能到法的赋能：对信用体系建设的思考［J］．征信，2021，39（06）：41－45.

［22］杜天佳．创建新时代国有经济制度体系［N］．经济参考报，2020年1月6日.

［23］封星琦，胡贵海．信用立法：建设社会信用法治体系之前提［J］.湖南工业职业技术学院学报，2020，20（04）：27－31.

［24］封延会，贾晓燕．论我国市场准入制度的构建［J］．山东社会科学，2006（12）：50－52.

［25］冯晓青．美、日、韩知识产权战略之探讨［J］．黑龙江社会科学，2007（6）.

［26］付建军．当代中国公共治理中的清单制：制度逻辑与实践审

视［J］.当代世界与社会主义，2016（05）：166－174.

［27］高茜．“十四五”时期我国社会信用体系建设高质量发展的特征与推进举措［J］．征信，2021，39（05）：9－12.

［28］高少丽．建设高标准市场体系视域下的公平竞争制度研究［D］.中共中央党校，2021.

［29］郭歌，黄绍斌．筑牢根基 开拓创新 推进城市信用体系建设［J］.城乡建设，2022（11）：48－49.

［30］国家信息中心中经网．城市信用状况监测推动社会信用体系建设显实效［J］．中国信用，2020（02）：68－72.

［31］韩长赋．国务院关于农村产权制度改革情况的报告［R］．2020年4月26日，十三届全国人大常委会第十七次会议．

［32］韩凤芹，赵伟．中小企业融资困境：基于风险治理的解释与应对［J］．社会科学文摘，2020（10）：44－46.

［33］何立胜．建设全国统一大市场需要把握好几个关系［N］．光明日报，2022.

［34］洪银兴．完善产权制度和要素市场化配置机制研究［J］．中国工业经济，2018（06）：5－14.

［35］胡华田．关于我国国有经济产权制度变迁中劳动者经济权利的研究［D］．江西师范大学，2006.

［36］胡税根，冯锐，杨竞楠．优化营商环境培育和激发市场主体活力［J］．中国行政管理，2021（08）：16－18.

［37］黄庆华，周志波，周密．新冠肺炎疫情对我国中小企业的影响及应对策略［J］．西南大学学报（社会科学版），2020，46（03）：56－68,201－202.

［38］黄铁苗．加强信用法制建设是建设社会信用体系的根本［N］.南方日报，2013－01－14（F02）.

［39］黄昕，平新乔．行政垄断还是自然垄断——国有经济在产业上游保持适当控制权的必要性再探讨［J］．中国工业经济，2020（03）：

81 -99.

[40] 靳昊. 百年匠心还须法治守护 [N]. 光明日报，2022 -08 -27 (005). DOI：10. 28273/n. cnki. ngmrb. 2022. 004219.

[41] 孔晶晶. 民营企业公平竞争权的实现困境与法律保障 [D]. 2019：591 -598.

[42] 黎文靖，彭远怀，谭有超. 知识产权司法保护与企业创新——兼论中国企业创新结构的变迁 [J]. 经济研究，2021，56 (05)：144 -161.

[43] 李春晖. 我国知识产权行政执法体制机制建设及其改革 [J]. 西北大学学报（哲学社会科学版），2018，48 (05)：64 -74. DOI：10. 16152/j. cnki. xdxbsk. 2018 -05 -007.

[44] 李海明，居燕芳. 广东省商事登记制度改革调查研究 [J]. 中国工商管理研究，2014 (07)：66 -68.

[45] 李建伟. 让中国市场更加开放更加平等的重大改革. 上海社会科学院，2018 -12 -26.

[46] 李胜利. 反不正当竞争法与反垄断法的关系：突然现状与应然选择 [J]. 社会科学辑刊，2019 (03)：164 -169.

[47] 李伟，刘志彪，江飞涛，李伟，李湛，刘亮，蒋媛媛，于秋阳，胡映洁，贾婷月，郭家堂. 建设全国统一大市场 [J]. 上海经济，2022 (04)：1 -20.

[48] 李晓庆. 论商标许可终止后的商誉归属——兼评“红牛饮料案”[J]. 安庆师范大学学报（社会科学版），2022，41 (02)：70 -77. DOI：10. 13757/j. cnki. cn34 -1329/c. 2022. 02. 011.

[49] 李晓西，林永生. 改革开放40年的中国市场经济发展 [J]. 全球化，2017 (07).

[50] 李隐峰，谢岗，黄铮，黄菲，赵骐. 新世纪以来我国社会信用体系建设历程分析与展望 [J]. 中国卫生监督杂志，2020，27 (03)：224 -228.

[51] 林小爱，林小利. 欧盟知识产权战略新进展及其对我国的启

示 [J]. 电子知识产权，2008 (09)：26－30.

[52] 刘华涛. 加快完善我国自然垄断行业竞争性业务开放的保障制度研究 [J]. 经济纵横，2022 (04)：60－66.

[53] 刘慧. 全国统一大市场畅通国内大循环 [N]. 中国经济时报，2022－04－13 (001).

[54] 刘诗白. 社会主义产权理论研究 [M]. 成都：四川人民出版社，刘诗白选集，2018. 09. 314.

[55] 刘双霞. 市场准入负面清单包容创新领域 [N]. 北京商报网，2017－12－11.

[56] 刘薇. 我国信用教育发展状况研究 [J]. 华北金融，2014 (06)：62－64.

[57] 刘维奇，韩媛媛. 中国市场经济体制形成与发展过程中的国际因素影响分析 [J]. 河北经贸大学学报，2009，30 (03)：30－35.

[58] 刘小玄，张蕊. 可竞争市场上的进入壁垒——非经济垄断的理论和实证分析 [J]. 中国工业经济，2014 (04)：71－83.

[59] 刘瑛，卢萍. 全方位建设社会信用体系之探讨 [J]. 中国信用，2022 (09)：114－118.

[60] 刘勇，欧阳慧，黄寰. 加快建设全国统一大市场 [J]. 区域经济评论，2022.

[61] 刘玉勉. 关于知识产权多元化纠纷解决机制的思考 [J]. 法制与经济，2020 (06)：5－6，29.

[62] 刘志彪. 全国统一大市场：怎么看 怎么建 [M]. 北京：中国财政经济出版社，2022.

[63] 卢修敏，王家田. 垄断、限制竞争行为、不正当竞争行为的区分及其对立法的意义 [J]. 中外法学，1995 (04)：49－52.

[64] 卢玉平，金铭，段晓军，王子豪. 加强事中事后监管问题研究 [J]. 中国市场监管研究，2018 (02)：60－65.

[65] 马杰三主编. 《当代中国的乡镇企业》 [M]. 北京：当代中国

出版社，1991：58.

[66] 马一德. 知识产权司法现代化演进下的知识产权法院体系建设 [J]. 法律适用，2019 (03)：39-50.

[67] 门钰璐，严宏伟，王丛虎. 社会信用合作治理体系的构建——基于数据开放的视角 [J]. 行政管理改革，2022 (07)：75-83.

[68] 孟雁北. 我国垄断行业规制行为之公平竞争审查问题研究 [J]. 价格理论与实践，2018 (11)：25-29.

[69] 逄锦华. 构建与社会主义制度相适应的全国统一大市场 [J]. 财富时代，2022 (06)：51-58.

[70] 裴长洪. 十八届三中全会以来构建开放型经济新体制的实践进展与理论认识 [J]. 国际贸易，2020 (12)：4-12.

[71] 戚聿东. 我国自然垄断产业分拆式改革的误区分析及其出路 [J]. 管理世界，2002 (02)：74-80，94-154.

[72] 上观新闻. 双十一再遇先涨价后降价？5 年近八千条投诉信息，厘清"大数据杀熟"之谜. https://www.shobserver.com/staticsg/res/html/web/newsDetail.html? id=546404&sid=67 [EB/OL]. [2022-11-07].

[73] 邵宇. 建立社会信用体系的国际经验与启示 [J]. 西南金融，2002 (10)：56-58.

[74] 申晓佳，桑瑶佳. 重庆探索市场准入效能评估制度 [N]. 重庆日报，2022-08-16 (006).

[75] 石佳友，王焓. 产权保护法治框架中的公平原则 [J]. 苏州大学学报 (法学版)，2022，9 (03)：1-17.

[76] 石佳友. 国家治理现代化进程中的产权保护 [J/OL]. 比较法研究：1-18 [2022-11-18].

[77] 孙涛. 知识产权纠纷多元化解决机制研究 [D]. 云南大学，2021.

[78] 孙玉芸，刘艳姝. 欧盟知识产权战略的实施及其对我国的影响 [J]. 企业经济，2013 (11).

[79] 陶昌盛．中国粮食定价机制研究［D］．复旦大学，2004.

[80] 汪晓贺．市场准入负面清单的制度困境及其完善路径．齐齐哈尔大学学报（哲学社会科学版），2021：105－109.

[81] 王菊芳．试论我国市场准入制度的发展现状与改革取向［D］．内蒙古大学，2010.

[82] 王利明．负面清单管理模式与私法自治［J］．中国法学，2014（05）：26－40.

[83] 王世强．数字经济中的反垄断：企业行为与政府监管［J］．经济学家，2021（04）：91－101.

[84] 王庭栋．回忆农村改革的初期．杜润生主编．中国农村改革决策纪事［M］．北京：中央文献出版社，1999.

[85] 王晓晔．《反垄断法（修正草案）》的评析［J］．当代法学，2022，36（03）：36－51.

[86] 王学庆．垄断性行业的政府管制问题研究［J］．管理世界，2003（08）：63－73.

[87] 王雅楠．加强卫生防疫药品生产质量安全监管问题研究［D］．郑州大学，2020.

[88] 王银旭．社会信用体系建设与新发展理念内涵一致性探析［J］．厦门特区党校学报，2022（04）：19－23.

[89] 王振卿．对社会信用体系建设问题的思考［J］．北方金融，2020（08）：111－112.

[90] 吴培新．建设全国统一大市场的内在逻辑和推进策略［J］．金融博览，2022.

[91] 吴文洁．地方保护主义的危害、成因及对策［J］．西安石油学院学报（社会科学版），2003（04）：3－6.

[92] 吴限，孟佳惠．“信用红利”涨潮——我国推进信用建设惠民便企进程扫描［J］．中国信用，2022（07）：18－29.

[93] 吴一平，李霞，陈家和．加快制度规则创新建设全国统一大市

场［J］. 审计观察，2022（06）：4－9.

［94］吴振国. 反垄断监管的中国路径：历史回顾与展望［J］. 清华法学，2022，16（04）：6－27.

［95］习近平. 高举中国特色社会主义伟大旗帜为全面建设社会主义现代化国家而团结奋斗——在中国共产党第二十次全国代表大会上的报告（2022年10月16日）［J］. 中国人力资源社会保障，2022（11）：7－26.

［96］习近平. 关于《中共中央关于全面深化改革若干重大问题的决定》的说明［J］. Beijing Review，2014，57（06）：6－16.

［97］萧冬连. 探路之役——1978～1992年的中国经济改革［M］. 北京：社会科学文献出版社，2019.

［98］熊治东. 改革开放以来中国社会信用体系建设：成就、经验、问题与展望［J］. 征信，2020，38（10）：12－20，48.

［99］徐璟，陈妮艳. 论知识产权司法审判机制的构建与完善——以知识产权法院建设为视角［J］. 淮北师范大学学报（哲学社会科学版），2020，41（02）：44－49.

［100］徐丽. 我国区域经济协同发展的策略思考［D］. 新疆师范大学，2006.

［101］徐杨杨. 社会信用体系建设背景下的信用应用创新研究［J］. 信息系统工程，2020（02）：14－15.

［102］许光建. 服务化与数字化双轮驱动，打造全国统一大市场：现实障碍、理论机制和路径设计［J］. 上海商学院学报，2022，23（05）：45－56.

［103］杨继生，阳建辉. 行政垄断、政治庇佑与国有企业的超额成本［J］. 经济研究，2015，50（04）：50－61，106.

［104］杨玲. 广东省服务业开放度评估——基于负面清单的研究［J］. 中国市场，2022（20）：10－12.

［105］杨骞，刘华军. 中国烟草产业行政垄断及其绩效的实证研究［J］. 中国工业经济，2009（04）：51－61.

[106] 叶蜜. 论公平竞争审查制度在自然垄断行业中的适用 [D]. 湘潭大学，2019.

[107] 易继明. 国家治理现代化进程中的知识产权体制改革 [J]. 法商研究，2017，34 (01)：183 - 192.

[108] 于宏伟，李静. 负面清单制度的发展与完善 [J]. 中国发展观察，2014 (03)：35 - 36.

[109] 于良春，于华阳. 自然垄断产业垄断的“自然性”探析 [J]. 中国工业经济，2004 (11)：32 - 39.

[110] 于良春. 中国的竞争政策与产业政策：作用、关系与协调机制 [J]. 经济与管理研究，2018，39 (10)：57 - 64.

[111] 于左. 完善竞争政策体系加快全国统一大市场建设 [J]. 产业经济评论，2022 (05)：12 - 14.

[112] 余森杰、季煜. 构建全国统一大市场的价值意蕴及路径探析 [J]. 新疆师范大学学报，2022.

[113] 张百顺，陈洪江. 中国市场经济发展道路及其当代世界意义 [J]. 前沿，2010 (11)：78 - 82.

[114] 张伟，于良春. 行业行政垄断的形成及治理机制研究 [J]. 中国工业经济，2011 (01)：69 - 78.

[115] 张伟伦. 推进经济高质量发展与世界共享机遇 [N]. 中国贸易报，2022 - 10 - 18 (001).

[116] 张五常. 新制度经济学的现状及其发展趋势 [J]. 当代财经，2008 (07)：5 - 9.

[117] 张晓，曹冬梅. 日本知识产权战略运用的特点及启示 [J]. 中国科技信息，2016 (15)：107 - 108.

[118] 张学锐. 我国知识产权法院管辖制度研究 [D]. 广西大学，2015.

[119] 张英. 大保护格局下知识产权纠纷多元化解决机制的完善 [J]. 广东经济，2019 (07)：68 - 71.

［120］张占江，徐士英．自然垄断行业反垄断规制模式构建［J］．比较法研究，2010（03）：38－53.

［121］赵树文．民营企业市场平等准入权立法保护的检视与重构［J］．甘肃社会科学，2022（05）：194－205.

［122］赵晓雷．自贸试验区引领市场准入制度改革［J］．商讯，2018（20）：117－118.

［123］赵玉平，胡鹏．我国P2P平台信用信息共享机制研究［J］．华北金融，2015（11）：33－36.

［124］赵祯祺，刘文学．反垄断法修正：明确规则底线，促进公平竞争［J］．中国人大，2022（13）：29－30.

［125］中共中央关于全面推进依法治国若干重大问题的决定，2014年10月23日十八届四中全会审议通过。

［126］中国农村发展问题研究组．中国农村经济的系统考察［M］．北京：中国社会科学出版社，1984：36.

［127］中国政府网中历次人民代表大会的报告.

［128］周其仁．发展的主题［M］．成都：四川人民出版社，1987：11.

［129］周雪光．“关系产权”：产权制度的一个社会学解释［J］．社会学研究，2005（02）：1－31，243.

［130］朱理．我国知识产权法院诉讼制度革新：评价与展望［J］．法律适用，2015（10）：24－29.

［131］朱凌珂．论自然垄断行业侵犯消费者权益行为的成因与治理［J］.学术研究，2022（04）：66－69.

［132］邹勤．社会信任结构与社会信用体系建设研究［J］．四川师范大学学报（社会科学版），2006（04）：45－52.

［133］Baumol W J. On the proper cost tests for natural monopoly in a multi-product industry［J］. The American economic review，1977，67（5）：809－822.

［134］Chen Z，Choe C，Matsushima N. Competitive personalized pricing［J］.

Management Science, 2020, 66 (9): 4003 -4023.

[135] Economides N. Antitrust issues in network industries [J]. The Reform of EC Competition Law: New Challenges, 2010: 343 -376.

[136] Eirik G. Furubotn, Rudolf Richter. Institutions and Economic Theory: The Contribution of the New Institutional Economics [M]. University of Michigan Press: 2010 -01 -01.

[137] Katz M L. Price discrimination and monopolistic competition [J]. Econometrica: Journal of the Econometric Society, 1984: 1453 -1471.